가계도

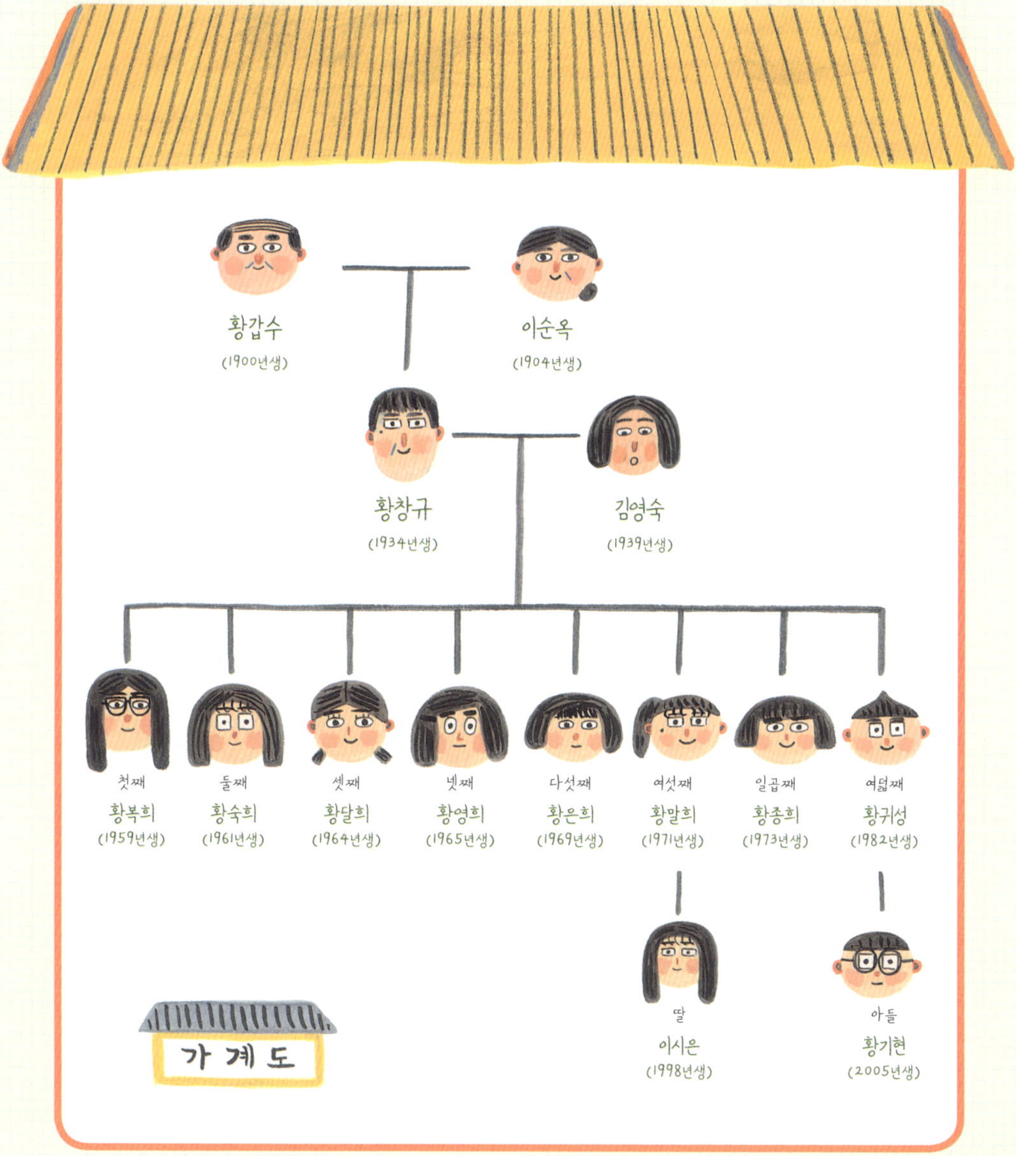

황갑수 (1900년생) — **이순옥** (1904년생)

황창규 (1934년생) — **김영숙** (1939년생)

- 첫째 **황복희** (1959년생)
- 둘째 **황숙희** (1961년생)
- 셋째 **황달희** (1964년생)
- 넷째 **황영희** (1965년생)
- 다섯째 **황은희** (1969년생)
- 여섯째 **황말희** (1971년생)
  - 딸 **이시은** (1998년생)
- 일곱째 **황종희** (1973년생)
- 여덟째 **황귀성** (1982년생)
  - 아들 **황기현** (2005년생)

우리 학교가 사라진대요!
: 인구, 자꾸 줄면 어떻게 될까?

초판 12쇄 발행 2025년 2월 20일

지은이 예영　　**그린이** 강은옥
펴낸이 정혜숙　　**펴낸곳** 마음이음

책임편집 이금정
등록 2016년 4월 5일(제2016-000005호)
주소 03925 서울시 마포구 월드컵북로 402, 9층 917A호(상암동, KGIT센터)
전화 070-7570-8869　**팩스** 0505-333-8869　**전자우편** ieum2016@hanmail.net
블로그 https://blog.naver.com/ieum2018

ISBN 979-11-89010-08-9 74000
　　　979-11-960132-3-3 (세트)

ⓒ 예영, 강은옥 2019
이 책의 내용은 저작권법의 보호를 받는 저작물이므로 무단전재와 복제를 금합니다.
책값은 뒤표지에 있습니다.

> **어린이제품안전특별법에 의한 제품표시**
> **제조자명** 마음이음　**제조국명** 대한민국　**사용연령** 11세 이상 어린이 제품
> KC마크는 이 제품이 공통안전기준에 적합하였음을 의미합니다.

우리 학교가 사라진대요!

인구, 자꾸 줄면 어떻게 될까?

예영 지음 | 강은옥 그림

마음이음

차례

· 1화 · **뭘 그리 꼬치꼬치 물어보나?** (1960년) 8
　　　인구조사의 역사는 수천 년 30
　　　시대별로 변화하는 인구조사 32

· 2화 · **북적북적 4대가 함께 살아요** (1971년) 34
　　　시대에 따라 변화하는 가족의 형태 52
　　　백 명이 넘는 인도의 대가족 55

· 3화 · **형제 많은 게 부끄러워요** (1982년) 56
　　　적게 낳을수록 좋다! 인구 증가 억제 정책 74
　　　세계적으로 가장 강력한 중국의 가족계획 정책 76

- 4화 · **나도 여자 짝꿍이랑 앉을래** (1992년) 78
  남자가 여자보다 더 많아서 문제 96
  아들 좋아하다 뒷목 잡힌 나라들 98

- 5화 · **외동은 너무 외로워** (2009년) 100
  출산 억제 정책에서 출산 장려 정책으로 122
  세 집 건너 한 명씩 외동아이 124

- 6화 · **우리 학교가 사라진대요!** (2017년) 126
  문을 닫는 학교들 150
  저출산을 극복한 프랑스의 출산 장려 정책 152

- 7화 · **누구나 늙어요** (2018년) 154
  대한민국이 늙고 있다? 172
  고령화 사회, 대체 뭐가 문제냐고? 174

작가의 말 176

· 1화 ·
뭘 그리 꼬치꼬치 물어보나?

1960년

 초겨울 날씨가 제법 매서웠다. 한겨울에나 불 것 같은 칼바람이 여민 옷깃을 더 단단히 여미게 하는 추위였다. 그 바람을 뚫고 호랑리의 자린고비로 유명한 황갑수 씨가 한 손으로 엉덩이를 움켜잡고 황급히 집으로 달려가고 있었다. 뜨거운 화롯불에 달궈진 듯 벌건 얼굴이 금방이라도 울 것 같았다.
 갑수 씨가 헐레벌떡 사립문을 박차고 들어오자, 아내 순옥 씨가 혀를 차며 고개를 절레절레 저었다.
 "쯧쯧, 저 양반이 또……."
 갑수 씨는 마당을 가로질러 뒷간으로 달려갔다.
 "싸겠네, 싸겠어."

뒷간 문틈으로 요란한 소리와 냄새가 한참 동안 풍겨 나왔다.

마침내 뒷간 문을 열고 갑수 씨가 나왔다.

"아이고, 시원하다. 한 걸음만 늦었어도 바지에 쌀 뻔했네."

개운한 표정으로 말하는 갑수 씨를 보고 순옥 씨가 타박을 줬다.

"그렇게 급하면 아무 집 뒷간에라도 들러 싸고 올 것이지. 허구한 날 창피하게 그게 뭐요?"

갑수 씨가 발끈했다.

"아까운 거름을 왜 남의 집에 주고 와? 똥도 다 돈이라고, 돈!"

순옥 씨도 이참에 참았던 말을 쏟아 냈다.

"제발 좀 그러지 마요. 그러고 다니니까 동네 코흘리개 애들도 당신만 지나가면 짠 내가 난다고 코를 막잖아요."

갑수 씨는 콧방귀만 뀔 뿐이었다.

"쳇! 그러든지 말든지. 내가 돈 없어 굶고 있으면 누가 죽 한 사발이라도 줄 것 같아?"

갑수 씨는 10년 전 일어났던 6·25전쟁을 겪으며 고생했던 기억만 떠올리면 밥 한 숟갈도 허투루 먹을 수가 없었다. 경기도에서 늙은 부모님과 다섯 명의 자식들을 데리고 부산까지 피란을 가며 얼마나 굶었던지. 병에 걸리고도 돈이 없어 약 한 번 못 쓰고 돌아가신 아버지를 보면서 얼마나 울었던지 모른다.

전쟁이 끝난 후에도 눈물겨운 고생을 얼마나 많이 했는지, 떠올리기도 싫을 정도다. 먹는 날보다 굶는 날이 훨씬 많았으니 더 말해 무엇 하겠는가. 지금 이렇게 삼시 세끼 따뜻한 밥을 먹으며 건강히 살 수 있는 건 지독하게 아끼며 살았던 덕분이다.

사람들은 술 한잔, 담배 한 모금도 안 태우는 갑수 씨더러 '자린고비도 울고 갈 지독한 자린고비'라고 떠들지만, 갑수 씨는 그런 말이 전혀 부끄럽지 않았다. 갑수 씨에게 자린고비라는 별명은 훈장과도 같은 것이었다.

갑수 씨는 지난날을 잊으려는 듯 고개를 세차게 흔들었다. 그리고 고방(곳간)에 들어가 가마니를 짜기 시작했다. 가마니 짜기는 농사철이 끝난 겨울에 하는 알짜 부업이었다.

열심히 가마니를 짜던 갑수 씨의 머릿속에 길에서 만난 대장간 서씨의 말이 떠올랐다.

"내달 초하루부터 관공서 직원들이 집집마다 다니면서 뭘 조사할 거라던데?"

갑수 씨는 '조사'라는 말이 마음에 걸렸다.

'설마 16년 전에 했던 그런 조사는 아니겠지?'

갑수 씨의 어두운 표정을 보고 순옥 씨가 걱정스레 물었다.

"여보, 무슨 근심이라도 있어요? 얼굴빛이 왜 그래요?"

"근심은 무슨."

갑수 씨는 별일 아닌 듯 대답하고 넘겼지만 마음 한구석이 영 찜찜했다.

아니나 다를까 다음 날부터 호랑리 이장이 확성기를 들고 다니면서 관공서 직원들이 방문 조사를 할 거라는 걸 알렸다.

"호랑리 주민 여러분! 12월 1일부터 '인구주택국세조사'를 할 테니 주민들의 적극적인 협조를 바랍니다. 관공서에서 나온 직원들이 집집마다 방문할 거니까 가급적이면 집 비우지 말고 조사에 응해 주시기 바랍니다."

갑수 씨가 집 앞을 지나가는 이장을 쫓아갔다.

"인구인지 주택인지 그 조사가 뭐요?"

"아, 왜 5년 전에 했던 총인구조사 있잖은가. 그거랑 같은 거라네."

총인구조사라는 이장의 대답을 듣자마자 갑수 씨의 얼굴이 흙빛이 되었다.

'내 짐작이 틀림없군.'

그날 저녁 갑수 씨는 식구들을 총집합시켰다. 대구 동생네 가신 어머니와 인천에 있는 공장에 다니는 셋째와 넷째 아들을 빼고 나머지 세 자녀가 모두 모였다.

"나라에서 인구주택국세조사를 한다고 집집마다 찾아다니며 꼬치꼬치 물어볼 모양인데, 우리 집이랑은 상관없는 일이니 그리 알아라."

갑수 씨의 일방적인 결정과 통보에 맏아들 창규가 나섰다.

"아버지, 이번에도 안 하시려고요? 인구조사는 나라에서 꼭 필요해서 하는 거예요. 나라를 잘 운영하기 위한 기초 자료를 조사하는 거니까 협조하는 게 당연한 겁니다."

갑수 씨는 맏아들의 눈길을 피한 채 입을 꾹 다물었다.

갑수 씨는 국민학교 선생으로 근무하는 맏아들의 말이라면 팥으로 메주를 쑨다고 해도 믿고 따랐다. 그러나 이번만은 어림없었다.

"그야 나라 사정이니 내 알 바 아니지. 아무튼 하지 말라면 그리 알고 하지 말아라."

그러자 농사를 거드는 둘째 아들이 답답하다는 듯 말했다.

"아버지, 웬 고집이세요. 우리가 하기 싫다고 하지 않아도 되는 게 아니라고요. 저번 조사 때도, 저저번 조사 때도 못 하게 하시더니 또 억지를 부리시네."

고등학교에 다니는 막내딸까지 말렸다.

"아버지, 학교에서 그러는데 인구조사에 참여하는 건 국민의 의무래요. 이번에는 그냥 하세요."

자식들이 모두 반대하자 갑수 씨가 벌컥 화를 내며 일어났다.

"그럼 나더러 또 자식을 뺏기라는 거냐? 안 된다면 안 되는 줄 알아!"

그러고는 방문을 박차고 나가 버렸다.

순옥 씨가 황당해하는 자식들을 보고 말했다.

"하늘이 두 쪽 나도 절대 안 하실 테니 너희들이 이해해라."

맏아들 창규가 한숨을 내쉬었다.

"아버지 마음을 이해 못 하는 건 아니지만 인구조사 때마다 번번이 피할 수는 없잖아요. 누가 보면 큰 죄를 저질러서 피하는 걸로 오해하겠어요."

결국 가족들은 갑수 씨의 뜻을 따르기로 했다.

드디어 1960년 12월 1일의 날이 밝았다. 인구주택국세조사가 시작되었다. 1955년에 실시한 후 5년 만의 조사였다.

갑수 씨는 조사에 협조해 달라는 이장의 말을 무시하고 순옥 씨와 함께 일찌감치 보리밭에 나와 있었다. 그는 보리밭의 물이 빠질 도랑을 손보는 틈틈이 마을을 지나가는 사람들을 유심히 살폈다.

"아유, 일 좀 똑바로 해요. 어디다 그렇게 한눈을 팔아요?"

순옥 씨가 연신 통박을 줬지만, 갑수 씨는 도랑 파기에 집중할 수 없었다.

그때 논둑으로 이장과 함께 걸어가는 양복 입은 남자가 보였다. 오늘부터 인구조사를 위해 마을에 온다던 관공서에서 나온 조사원이 틀림없었다.

"왔구만!"

갑수 씨는 순옥 씨에게 호미를 건네며 신신당부했다.

"임자는 나 올 때까지 절대 집에 오면 안 되네. 알았지?"

그러고는 조사원의 뒤를 쫓아가기 시작했다.

조사원은 이장의 안내를 받으며 이집 저집을 방문했다. 그리고 드디어 갑수 씨네 집 사립문 앞에 멈춰 섰다.

"황갑수 씨 계십니까?"

갑수 씨는 먼발치에 숨어서 바라봤다.

'백날 찾아와 봐라. 날 만날 수 있나.'

이장과 조사원은 문 앞을 서성이며 여러 차례 이름을 부르다가 집에 아무도 없는 것을 확인하고는 발길을 돌렸다.

이장이 뒤돌아보며 투덜거렸다.

"집에 좀 있으라고 그렇게 여러 번 말했건만 어딜 간 거람?"

갑수 씨는 사라지는 두 사람의 뒷모습을 보며 미소 지었다.

'어디 가긴 어딜 가? 여기 있지.'

다음 날은 겨울비가 부슬부슬 내렸다. 비가 와서 밭에 나갈 수 없는 갑수 씨 부부는 고방에서 가마니를 짜고 있었다.

방문 밖으로 이장 목소리가 들려왔다.

"황갑수 씨 계시오?"

뒤이어 조사원의 목소리도 들렸다.

"인구주택국세조사 나왔습니다. 협조 부탁드립니다."

갑수 씨는 냉큼 문고리를 걸어 잠그고 입에 손가락을 대며 순옥 씨를 바라봤다.

"쉿!"

부부는 숨소리도 내지 않고 바깥 소리에 귀를 기울였다. 빗방울 떨어지는 소리 사이로 마당을 서성이는 두 사람의 발소리가 들렸다.

"오늘도 안 계시네요. 다시 와야겠습니다."

조사원의 말에 이장이 볼멘소리를 했다.

"거참, 비도 오는데 어딜 간 건지 원."

갑수 씨 부부는 두 사람이 사립문을 나가는 소리를 듣고서야 참았던 숨을 내쉬었다.

그날 저녁 이장이 찾아왔다.

"이봐, 황씨. 관공서에서 조사원이 나온다고 집에 있으라 했는데 어딜 그렇게 나다니서?"

갑수 씨는 짐짓 모른 채 대답했다.

"뭐, 이래저래 볼일이 있어서 그랬지."

"제발 내일일랑 집에 좀 계시오. 한 시쯤 방문할 테니까."

"알았네."

갑수 씨는 철석같이 대답했지만 다음 날 조사원이 온다는 시간에 읍내로 나가 버렸다.

그 후로 조사원이 몇 차례 더 갑수 씨네 집을 방문했다가 허탕만 쳤다. 그때마다 이장이 찾아와 집에 있어 줄 것을 당부했지만 갑수 씨는 번번이 집을 비웠다. 그사이 호랑리 주민들은 거의 다 조사를 마쳤고 어느덧 조사 기간의 마지막 날이 되었다.

갑수 씨는 오늘만 피하면 된다는 생각에 순옥 씨와 함께 집 뒤편에 있는 동산에 올랐다. 거기서 내려다보면 집 안팎이 한눈에 들어왔다.

순옥 씨는 차가운 겨울바람에 몸을 덜덜덜 떨었다.

"여보, 그냥 하고 맙시다. 이 추위에 우리는 무슨 고생이고, 매번 헛걸음하는 사람들은 또 무슨 고생이에요. 옛일은 그만 잊어버리고……."

순옥 씨의 말이 채 끝나기도 전에 갑수 씨가 노한 목소리로 말했다.

"임자는 자식 잃은 일을 잊어버릴 수 있는지 몰라도 나는 그리 못 하네."

그 말에 순옥 씨는 아무 대꾸도 할 수 없었다.

두 사람은 말없이 동산 나무 밑에 웅크리고 앉아 집을 내려다볼 뿐이었다. 그런데 방문하겠다던 시간이 지났는데도 조사원이 올 생각을 하지 않았다.

갑수 씨가 앉았다 일어섰다를 반복하며 중얼거렸다.

"우리 집은 그냥 뺄 작정인가? 그러면 다행인데……."

사실 갑수 씨는 아까부터 배가 아파 견디기가 힘들었다. 뒷간에 가고 싶은 걸 참자니 냄새 심한 방귀만 연신 붕붕거리며 나왔다. 급기야 앉지도 서지도 못한 채 엉거주춤한 자세로 발을 동동 구를 정도가 됐다.

"싸겠네, 싸겠어."

순옥 씨가 손으로 코를 막으며 미간을 찌푸렸다.

"나 참, 그만 동동거리고 얼른 저기 나무 뒤에서라도 싸요."

갑수 씨는 당장 울음이 터질 것 같은 얼굴로 고개를 가로저었다.

"내 귀한 거름을 아무 데나 뿌릴 수야 없지!"

하지만 얼굴이 점점 불에 덴 것처럼 벌게지고 발도 구를 수 없을 지경이 되었다.

"더, 더는 못 참겠네."

결국 갑수 씨는 동산을 달려 내려가 집으로 향했다. 그런데 하필 이장과 조사원이 막 사립문 안으로 들어서고 있었다.

조사원이 갑수 씨를 보자마자 반가운 표정을 지었다.

"황갑수 씨 맞으시죠? 드디어 만나 뵙네요."

너무 다급한 갑수 씨는 도망칠 생각도 할 수 없었다. 엉덩이를 움켜쥐고 터질 것처럼 벌건 얼굴로 부리나케 뒷간으로 달려 들어갔다.

곧 뒷간 문틈으로 천둥 번개 치듯 요란한 소리가 새어 나왔다. 그 소리가 한참 만에 멈추고, 그제야 불에 덴 듯 벌겋던 갑수 씨의 얼굴이 제 빛깔을 찾았다.

"후유! 이제야 살 것 같네. 하마터면 바지에 쌀 뻔했어."

그러나 이제 밖으로 나갈 일에 눈앞이 캄캄했다. 조사원이 뒷간 앞에서 기다릴 게 분명했기 때문이었다.

'여태 버텼는데 여기서 잡힐 순 없지.'

갑수 씨는 심호흡을 크게 한 번 들이마시고 문고리를 잡았다. 그리고 문을 열자마다 냅다 달려 나갔다. 집 밖으로 도망칠 생각이었다.

그러나 이장과 조사원이 도망치는 갑수 씨의 앞과 뒤를 턱 하니 막아섰다.

이장이 씩 웃으며 말했다.

"죄지은 사람처럼 왜 이리 도망가시나?"

갑수 씨가 버럭 소리를 질렀다.

"죄, 죄라니? 난 법 없이도 살 수 있는 사람이야!"

조사원이 갑수 씨에게 공손하게 부탁했다.

"어르신, 오늘은 조사에 꼭 좀 응해 주십시오. 어르신 때문에 헛걸음을 몇 번이나 했는지 모릅니다."

"……."

갑수 씨는 별수 없다는 생각으로 마당 한가운데 놓인 평상에 털썩 앉았다. 뒷간에서 볼일을 보고 개운해졌던 얼굴에 다시 그늘이 드리워졌다.

조사원이 옆에 앉으며 물었다.

"대체 왜 그렇게 저희가 방문할 때마다 피하셨던 겁니까?"

이장도 평상에 걸터앉으며 질문을 거들었다.

"나도 이유나 좀 들어 보세. 동네 사람들 얘기 들어 보니 1949년

조사 때도 빠지고, 1955년 조사 때도 빠졌다던데 대체 왜 그랬나?"

갑수 씨는 잠시 망설이다 어렵게 입을 열었다.

"또 자식을 잃을까 봐 그랬지."

생뚱맞은 답변에 조사원이 고개를 갸웃했다.

"자식을 잃다니요?"

갑수 씨는 다시는 떠올리고 싶지 않았던 그 일을 털어놓을 수밖에 없었다.

"그러니까 그게 해방 전이니 1944년이었지. 일본이 국세조사를 한다고 나와서 자식이 몇 명인지, 나이는 몇 살인지, 남의 집 사정을 꼬치꼬치 묻는 게야. 그러더니 얼마 되지 않아 전쟁을 위해 총동원을 한다나 뭐라 하면서 집에 있는 쇠붙이며 쌀이며 싹싹 긁어 가더라고. 그러고는 큰아들과 둘째 아들까지 강제로 전쟁터로 끌고 갔어. 지들이 벌인 전쟁터에 총알받이로 데려간 거야."

갑수 씨 말을 들으며 이장이 고개를 끄덕였다.

"맞아, 그랬었지. 그때 우리나라 젊은이들이 강제로 전쟁터나 광산에 끌려가 모진 고생을 했었지. 일본이 국세조사를 한 이유가 다 그것 때문이었어."

조사원이 갑수 씨에게 조심스레 물었다.

"그래서 두 아드님은 어찌 되었나요?"

"아직도 생사를 몰라."

갑수 씨는 두 아들이 끌려가던 마지막 모습을 떠올리며 눈물을

글썽였다.

"내가 그때 국세조사에 또박또박 대답하지 않았더라면 금쪽같은 내 아들들이 그렇게 되진 않았을 텐데. 내가 아들들을 사지로 내몬 거나 다름없어."

그때 집에 돌아온 순옥 씨가 갑수 씨의 말을 듣고 주저앉아 통곡했다.

"아이고, 내 자식들. 살았거든 돌아오고, 죽었거든 꿈에라도 나타나다오."

조사원은 그제야 갑수 씨의 행동이 이해되었다.

"그래서 그렇게 인구조사를 피하셨던 거군요. 두 아들을 잃고 얼마나 마음고생이 심하셨을지 감히 짐작이 갑니다."

이장은 괜히 땅바닥에 있는 돌을 차며 속상한 마음을 툴툴거렸다.

"그게 어디 황씨 탓인가? 일본이 흉측한 탓이고, 힘없는 나라 탓이지."

갑수 씨가 조사원을 바라봤다.

"조사원 양반, 미안해요. 그 시절에 자식 잃은 사람이 어디 우리 부부뿐이겠소. 그 일을 겪은 후로 죄책감에 인구조사만 하면 피해 다니게 되지 뭐겠소?"

조사원이 갑수 씨의 손을 잡으며 말했다.

"이해합니다. 백번 이해하고말고요. 하지만 이제는 시대가 달라졌습니다. 일본이 했던 그런 목적의 인구조사는 절대 안 합니다. 지금 하는 조사는 국민이 보다 잘살 수 있게 하려는 조사이니 안심하고 하셔도 됩니다."

그 말에 갑수 씨와 순옥 씨가 눈물을 그치며 관심을 보였다.

"그깟 호구조사로 국민을 잘살 수 있게 한다고요?"

조사원은 크게 고개를 끄덕였다.

"그럼요. 국민들이 어떻게 살고 있고, 어떤 어려움을 갖고 있는지 사정을 파악하면 도움을 줄 수 있잖아요. 예를 들어 학교에 가지 못한 아이들이 많은 곳에는 학교를 세워 무료로 다닐 수 있게 해 주고, 실업자는 몇 명이나 되는지 파악해서 일자리를 마련해 주기도 하고, 집 없는 사람들에게는 집 문제를 해결할 수 있도록 도움을 주는 거죠."

조사원의 말을 귀 기울여 듣던 갑수 씨가 무릎을 쳤다.

"뭔 말인지 알겠구먼. 부모도 한 집안을 잘 이끌어 가려면 내 식구 사정을 속속들이 알아야 하는 것처럼, 나라도 국민들의 사정을 알아야 한다, 이 말이지?"

"그렇지요. 그러니까 어르신이 이 조사에 잘 응해 주시는 게 곧 나라를 잘살게 만드는 길이다, 이겁니다."

"뭐, 그럼 내 자식들 목숨 뺏어 가는 일은 없겠네."

"물론이죠."

가만히 듣고 있던 이장이 끼어들었다.

"그럼 이제 인구조사에 응할 텐가?"

"국민들 잘살게 해 주려는 조사라는데 못 할 게 뭐 있겠나. 조사원 양반, 당장 합시다!"

갑수 씨는 그제야 흔쾌히 인구조사에 응했다. 이름부터 시작해 생년월일, 혼인 상태, 출생지, 학력, 직업, 경제 활동 상태, 총 출생 자녀 수 등 조사원의 질문에 하나도 빠짐없이 성실히 답했다. 단 한 가지, 글을 읽거나 쓸 줄 아느냐는 질문에는 한마디 쏘아붙였다.

"거참, 별걸 다 꼬치꼬치 물어보네."

갑수 씨는 자신이 문맹인 걸 밝히는 게 싫었지만 곧 이렇게 말했다.

"뭐 글자를 못 읽는 국민이 많다는 걸 알아야 나라에서 학교도 많이 세우고 그러겠지."

이로써 갑수 씨의 인구주택국세조사가 모두 끝났다.

"어르신, 성실히 답해 주셔서 감사합니다. 이 조사를 바탕으로 모쪼록 나라가 발전하고 국민들이 더 잘살 수 있게 되기를 희망합니다."

갑수 씨가 조사에 응하는 동안 멀찌감치 물러나 있던 이장은 그제야 홀가분한 표정을 지었다.

"이제 우리 호랑리 조사는 모두 끝났네. 속이 시원~하다!"

갑수 씨도 수십 년 묵은 체증이 내려간 듯 개운해 보였다.

조사원이 서류를 챙겨 일어났다.

"그럼 저는 이만 가 보겠습니다."

갑수 씨가 조사원의 팔을 잡았다.

"나 때문에 고생들 많으셨는데 밥이나 먹고 가소."

그 순간 이장의 눈이 휘둥그레졌다.

"워매, 똥도 아까워서 벌벌 떠는 황갑수 씨가 밥을 주겠다고라?"

놀라기는 순옥 씨가 더했다.

"여보, 진심이오?"

갑수 씨는 겸연쩍은 듯 헛기침을 했다.

"큼큼, 내가 자린고비로 소문이 났지만 쓸 때는 쓰는 사람이지. 임자는 광에 걸어 둔 굴비 좀 구워서 밥상 좀 맛깔나게 차려 보게."

순옥 씨가 다짐하듯 물었다.

"여보, 나중에 딴말하기 없기예요!"

"그럼 그럼."

갑수 씨의 얼굴에 흐뭇한 미소가 가득 피어올랐다.

인구조사의 역사는 수천 년

　인구조사란 한 나라의 인구 상황을 파악하기 위해 정부가 일정한 시기에 전국적으로 인구 실태를 조사하는 것을 말해요. 이때 단순히 인구가 몇 명인지만 조사하는 것이 아니라 가족 관계, 주택, 경제 활동 상황 등을 수집해서 평가하고 분석하지요.

　인구조사 결과는 무척 쓰임새가 많아요. 국가에서는 이를 바탕으로 주요 정책을 세우고, 각 기관에서는 미래 인구를 예측하거나 주택 보급률 등을 파악해요. 또 기업체에서는 경영을 위해 참고하는 등 매우 다양한 분야에서 기초 자료로 활용하고 있답니다.

　그럼 인구조사는 언제부터 시작되었을까요? 놀라지 마세요. 인구조사는 지금으로부터 수천 년 전인 기원전 3600년경 고대 바빌로니아에서 시작되었어요. 이후 기원전 3000년경 이집트에서 피라미드 건설을 하기 위해 인구조사를 실시했다는 기록이 있고, 같은 시기 중국에서도 토지 분배와 세금을 걷을 목적으로 인구조사를 실시했어요.

　로마에서는 기원전 435년부터 센서(censor)라는 관리가 인구조사를 했어요. 센서란, 감찰관을 이르는 말로 시민 등록과 시세 조사를 담당했어요. 이때부터 인구조사를 센서스라고 부르게 되었답니다.

　우리나라에서도 부족 국가 마한, 변한, 진한이 있었던 삼한 시대부터 인구조사가 시작되었고, 그 후 삼국 시대, 고려 시대, 조선 시대에 이르기까지 꾸준히 인구조사가 이루어졌다는 기록이 있어요. 이때는 가구 수와 가구당 식

구 수를 조사한다 하여 '호구조사'라고 불렀지요.

구체적인 내용이 전해지는 건 조선 시대 태종 때의 인구조사예요. 이때 전국 가구 수와 만 16세 이상 남자 인구를 조사해서 호패법(오늘날의 주민등록증이라 할 수 있는 호패를 가지고 다니게 하는 제도)을 시행했다고 해요. 호패법은 인구수를 파악해서 세금을 걷고, 군대와 공사에 동원하기 위해서였으니, 당시 인구조사의 목적이 무엇인지 추측해 볼 수 있답니다.

신라 촌락 문서 일본 왕실의 유물 창고인 정창원에서 발견된 '신라 촌락 문서'는 통일신라 시대의 인구조사 현황을 볼 수 있는 아주 귀한 자료예요. 이 문서에는 지금의 청주시 부근에 있는 4개 촌에 사는 인구를 연령별로 구분하여 수를 파악한 것은 물론이고, 논과 밭, 소와 말의 수 등 경제적인 부분까지 기록되어 있어요.

일본 도오다이지[東大寺] 쇼소인[正倉院] 중창(中倉) 소장

시대별로 변화하는 인구조사

우리나라에서 오늘날과 같은 개념의 인구조사가 시작된 것은 1925년이에요. 당시 우리나라는 일본의 식민 지배를 받고 있었기 때문에 조선총독부 주관으로 '간이국세조사'라는 명칭의 인구조사가 실시되었어요. 이 조사에서 우리나라 인구가 1902만 명으로 집계되었어요. 그 뒤로도 일제 강점기 동안 인구조사가 네 번 더 실시되었어요. 그런데 이 시기의 인구조사는 일본이 우리나라를 수탈할 목적으로 이용되었어요. 우리나라 사람들 사정을 파악하여 세금을 거두고, 전쟁터나 강제 노동에 끌고 갔거든요. 그래서 당시 우리나라 사람들은 인구조사를 한다고 하면 좋지 않게 생각했답니다.

인구조사는 1945년에 우리나라가 광복을 맞이하고, 대한민국 정부가 수립된 이후에도 계속되어 현재까지 이어지고 있어요. 2015년까지 0과 5가 끝자리에 있는 해를 기준으로 5년마다 실시되었어요.

인구조사에서 우리가 주목할 점

1960년에 실시한 인구주택국세조사 광경
사진 제공 : 국가기록원

은 시대마다 조사 범위나 항목이 달라지고 있다는 거예요. 인구조사 초창기에는 주로 인구의 분포, 성별, 연령, 직업 등을 조사했어요. 그러나 경제 발전을 중요한 과제로 삼았던 1960년대에는 인구에 관한 경제, 사회, 문화 분야까지 조사 범위를 넓혔어요. 복지가 중요해진 2000년대에는 저출산, 고령화 부분에 관한 조사를 강화했고, 2010년대에는 환경 분야에 관한 조사 항목이 추가되었지요. 시대별로 중요한 문제들을 해결하기 위해 조사 범위가 넓어지면서 인구조사의 의미도 확장된 거예요.

조사 방법도 달라졌어요. 그동안은 조사원들이 정해진 기간 동안 우리나라 국민 전체를 일일이 찾아다니며 답변을 받는 전수조사를 했는데, 2015년부터는 전 국민의 20퍼센트만 직접 조사하고 나머지는 주민등록부와 건축물 대장 같은 행정 자료를 이용하는 방식을 도입했답니다.

시대별로 변화하는 인구조사! 국민의 더 나은 삶을 위한 바탕이 되겠지요?

제1회 총인구조사 기념우표(왼쪽), 인구주택총조사 포스터(오른쪽)
사진 제공 : 국가기록원

· 2화 ·
북적북적 4대가 함께 살아요

1971년

'둥근 해가 떴습니다. 자리에서 일어나서 제일 먼저 이를 닦자!'는 노래가 있지만, 호랑리 딸부잣집 첫째 딸 황복희는 일어나자마자 대문 옆에 있는 변소로 달려갔다. 식구는 많은데 변소가 달랑 한 개뿐이라 아침마다 치열한 변소 전쟁이 벌어지는 탓이다.

그러나 벌써 아버지, 막내 삼촌, 여동생 숙희, 고모까지 네 명이나 변소 앞에 줄지어 서 있었다.

'왜 하필 내 앞이 고모람.'

고모는 심한 변비라서 변소에 한번 들어갔다 하면 20~30분은 기본이니 낭패도 이런 낭패가 없다. 그래도 변소에 들어간 할아버지를 재촉할 수 있는 건 고모뿐이기도 하다.

"아버지, 빨리 좀 나오세요! 빨리빨리!"

고모의 재촉에 할아버지가 투덜거리며 나왔다.

"거참, 어지간히 닦달하네. 나오는 똥을 끊고 나오냐?"

"그러니까 변소 하나 더 만들자고요. 아침마다 이게 무슨 난리예요."

고모의 볼멘소리에 막내 삼촌도 한마디 거들었다.

"아버지, 이러다 온 식구가 변비 걸리겠어요."

그러나 복희는 할아버지가 할 대답을 알고 있다.

"변소 지을 돈이 어딨어?"

역시 호랑리 최고의 구두쇠로 소문난 황갑수 할아버지다운 대답이다.

그나저나 복희는 자기 차례가 올 때까지 기다릴 수가 없었다.

"고, 고모. 나 못 참겠어."

아무리 엉덩이에 힘을 주고 참으려 해도 참을 수가 없었다.

발을 동동 구르는 복희를 보다 못한 고모가 신문지를 쭉 찢어 주며 말했다.

"얘, 너 그러다 싸겠다. 이거 들고 뒷마당 가서 해결해!"

"또?"

복희는 짜증이 났지만 신문지를 받아 들고 뒷마당으로 갔다. 똥도 거름이라며 귀하게 여기는 할아버지 덕분에 채소밭 구석에 파 놓은 구덩이에 볼일을 봐야 했다.

"어휴, 아침마다 이게 뭐야."

이게 다 식구가 너무 많은 탓이다. 증조할머니부터 할아버지, 할머니, 아버지, 어머니, 두 명의 삼촌과 고모, 여기에 복희, 숙희, 달희, 영희, 은희, 말희 여섯 자매까지 총 4대 14명이 한집에 모여 사니 늘 북적북적 시끌시끌하다. 특히 출근과 등교 시간이 겹치는 아침에는 전쟁터가 따로 없다. 변소 줄 서기는 시작일 뿐. 이렇게 날씨가 쌀쌀할 때에는 뜨거운 물 쟁탈전도 벌여야 한다.

복희는 볼일을 마치자마자 세숫대야를 들고 부엌으로 달려갔다.

"엄마, 뜨거운 물 주세요."

엄마가 난감한 표정을 지으며 젖은 손을 앞치마에 문질렀다.

"에고, 어쩌니……. 오늘 아빠랑 고모가 머리를 감아서 뜨거운 물을 다 써 버렸네?"

복희는 별수 없이 찬물에 세수했다.

"히잉, 식구가 많으니까 불편한 게 너무 많아."

복희가 느끼기에 식구가 많아서 불편한 점은 이것만이 아니었다. 방도 모자라서 여러 명이 같이 써야 하고, 그러다 보니 비밀이란 게 있을 수 없었다. 밥 먹을 때도 맛있는 반찬이 있으면 시합하듯 빨리 먹어야 했다. 눈치 보며 머뭇거리다가는 국물도 없으니 말이다.

더구나 열세 살 복희는 여동생이 다섯이나 있어서 맏이 역할까지 해야 했다. 열한 살 숙희부터 여덟 살 달희, 일곱 살 영희, 세 살 은희, 한 살 말희까지 동생들이 잘못하거나 다칠 때마다 첫째인 복희가 옴팡 뒤집어쓰기 일쑤였고, 양보는 기본이었다.

오늘도 엄마는 학교 가는 복희 등 뒤에 대고 신신당부했다.

"복희야, 학교 끝나고 바로 집으로 와야 한다. 엄마, 시내에 볼일 보러 가야 하니까 일찍 와서 동생들 좀 돌보렴."

교실에 들어가니 복희의 짝꿍 혜정이 주변으로 아이들이 몰려 있었다. 혜정이가 새 원피스를 입고 온 것이다.

복희는 혜정이를 볼 때마다 부러운 마음이 들었다. 혜정이는 외동딸이라 옷이든 물건이든 뭐든 새것인데, 복희는 죄다 물려받은 것들뿐이다. 지금 입고 있는 옷도 고모한테 물려받은 것이고, 방에 있는 책상과 옷장도 전부 고모나 삼촌이 쓰던 것들이다. 방도 증조할머니, 숙희와 셋이서 같이 쓴다.

"혜정이 넌 좋겠다. 나도 너처럼 형제자매가 없으면 얼마나 좋을까? 부모님 사랑도 독차지하고, 방도 혼자 쓰고, 옷도 안 물려 입고."

"난 네가 부러운걸?"

"뭐? 내가 부럽다고?"

"난 혼자라 심심하거든. 너처럼 동생들 있으면 매일 재밌게 놀아 줄 텐데……."

복희는 혜정이의 말을 듣더니 한숨을 내쉬었다. 그러고는 교실 뒷벽을 가리켰다. 벽 한가운데에 '적게 낳아 잘 기르고, 많이 낳아 고생 말자!'는 표어가 붙어 있었다.

"혜정이 너는 식구 없는 집에 혼자 자라서 저 표어의 뜻을 이해 못 할 거야. 자식이 많으면 부모님만 고생하는 게 아니라 자식들도 고생한다고."

혜정이가 고개를 갸웃하며 물었다.

"자식들이 왜 고생을 해?"

"너는 설명해 줘도 몰라. 식구가 많으면 화장실에 갈 때도, 밥을 먹을 때도, 세수할 때도 전쟁을 치르거든."

복희의 입에서 증조할머니처럼 깊은 한숨이 흘러나왔다.

수업이 끝나자 복희는 고무줄놀이를 하자는 친구들의 말을 뿌리치고 집으로 돌아왔다. 할아버지와 할머니는 밭에 나가셨고, 엄마가 복희를 보자마자 기다렸다는 듯이 나갈 채비를 했다.
복희가 집 안을 두리번거렸다.
"숙희는요?"
"좀 전에 오는 것 같더니 안 보이네. 그새 나갔나?"
복희보다 두 살 아래인 숙희는 언니랑 같이 동생들을 돌보면 좋을 텐데 매번 미꾸라지처럼 빠져나갔다.
"숙희, 이 기집애! 오기만 해 봐라."
복희가 이를 가는데 엄마가 막내 말희를 업고 나가며 신신당부했다.
"증조할머님 편찮으시니까 잘 챙겨 드리고, 동생들 잘 보고 있어."
"알았어요!"
복희는 일부러 퉁명스럽게 대답했다.
마루에서 놀고 있는 세 동생들 앞에 빈 떡 그릇이 놓여 있었다.
'나도 떡 먹어야지.'
복희는 냉큼 부엌으로 들어가 찬장 문을 열었다. 엊그제 할아버지 생신 잔치를 했으니 떡이든 전이든 잔치 음식이 남아 있을 터였다. 그러나 찬장 안에는 빈 그릇뿐이었다.

"뭐야? 또 누가 다 먹은 거야!"

하여간 식구가 많으니 집에 먹을 게 남아나질 않았다.

아쉬움에 입맛을 쩝쩝 다시는데 증조할머니의 목소리가 들렸다.

"아이고, 아이고! 복희야!"

올해 여든 살을 넘긴 증조할머니는 늘 '아이고!' 소리를 입에 달고 살 정도로 몸이 불편하시다. 그래서 한방을 쓰는 복희에게 자주 안마를 시켰다.

"아이고, 이놈의 다리가 저릿저릿하구나. 우리 복희 약손 어딨냐?"

"여기 있어요."

복희는 귀가 잘 안 들리는 증조할머니를 위해 큰 소리로 대답했다.

사실 복희네가 딸부잣집이 된 건 대를 이를 증손자가 태어나지 않으면 눈을 감을 수 없다고 노래를 부르시는 증조할머니 때문이다. 하지만 장손인 아빠는 계속 딸만 낳았고, 그 덕에 복희는 여섯 자매의 맏이가 되었다. 또 막내의 이름도 더 이상 딸은 끝이라는 뜻으로 '끝 말(末)' 자를 써서 '말희'가 되었다.

"만약에 남동생이 태어난다면 증조할머니는 너무 좋아서 눈을 못 감으실 거야."

복희는 증조할머니의 다리를 주무르며 혼잣말을 중얼거렸다.

증조할머니가 귀를 쫑긋하며 물었다.

"뭐라고? 눈을 어쩐다고?"

"아니요, 오래오래 건강하시라고요."

복희가 증조할머니 귀에 대고 또박또박 대답해 드리는데 마당에서 다투는 소리가 들렸다.

"내 거야! 이리 내 놔!"

"아냐, 내 거야! 내가 갖고 놀 거야."

마당으로 나가 보니 달희와 영희가 서로 인형을 갖고 놀겠다며 잡아당기고 있었다. 둘은 여덟 살, 일곱 살이라 쿵짝이 맞아 잘 놀기도 했지만 그만큼 잘 다투기도 했다.

"너희들 또 싸우는 거야?"

복희가 서둘러 말리러 갔지만 인형을 양쪽에서 잡아당기는 바람에 팔이 뜯어지고 말았다.

"으앙, 인형 팔이 뜯어졌어. 너 때문이야!"

"아냐, 언니가 잡아당겨서 그래."

달희와 영희는 서로를 탓하며 바닥에 널브러져 엉엉 울기 시작했다.

복희는 두 울보들을 달랠 방법을 궁리하다가 책가방에서 공깃돌을 꺼냈다.

"언니가 재미있는 거 보여 줄까?"

두 울보의 울음이 다섯 개의 공깃돌을 보는 순간 뚝 그쳤다.

"이따 엄마 오시면 인형 팔 꿰매 달라고 할 테니까 그때까지 공기놀이 하고 있어. 알았지?"

그때 밭일을 나갔던 할아버지가 지게를 지고 들어오며 복희를 불렀다.

"복희야, 시원한 냉수 한 사발 갖고 오너라."

복희가 부엌으로 들어가 냉수를 가지고 나왔다. 그런데 할아버지가 냉수를 마시고 대문을 나서자마자 영희가 울음을 터트렸다.

"왜 또 울어?"

"공깃돌이 하수구에 빠졌어."

복희가 좁은 하수구를 들여다보며 꼬챙이로 휘저어 봤지만 공깃돌을 찾을 수 없었다.

"공깃돌이 깊숙이 들어갔나 봐. 언니가 작은 돌멩이 구해 줄게."

복희의 제안에도 영희는 마당에 퍼질러 앉아 막무가내로 울었다.

"싫어, 싫어! 돌멩이 공깃돌은 싫단 말이야."

영희가 한번 떼쓰기 시작하면 아무도 못 말리는 터라 복희는 난감하기 짝이 없었다. 그런데 마루 쪽에서도 울음소리가 들렸다. 세 살배기 은희가 마루에서 내려오다가 넘어진 것이다.

양쪽에서 들리는 울음소리에 복희는 혼이 빠지는 것 같았다.

"나더러 어쩌라고."

복희는 얼른 달려가 은희를 안아 들었다. 다행이 크게 다치진 않은 모양이었다.

뜻밖에도 은희가 울음을 뚝 그쳤다. 그러나 은희 얼굴이 수상해졌다.

"너 설마!"

증조할머니가 자주 하시는 말씀 중에 '설마가 사람 잡는다.'고 했던가?

은희는 뿌지직 소리와 함께 구린내를 풍겼다.

복희는 딱 울고 싶은 심정이었다. 떼쓰고 우는 동생들 달래는 것도 모자라 이젠 똥 기저귀까지 갈아야 한다니. 하필 이럴 때 할머니는 왜 집에 안 오시는지, 엄마는 언제 오실 건지, 숙희는 어딜 쏘다니는 건지, 모두가 원망스러웠다.

복희는 숨을 참고 능숙하게 기저귀를 갈기 시작했다.

그런데 하필! 그때 하필!

"복희야, 노~올~자!"

친구들이 찾아와 복희가 똥 기저귀를 가는 장면을 보고 말았다.

"우아, 복희 좀 봐. 똥 기저귀 엄청 잘 갈아."

"꼭 아줌마 같아."

"으, 냄새나고 더러울 텐데……."

"복희는 바쁘니까 우리끼리 놀아야겠다."

친구들이 놀림 같기도 하고 칭찬 같기도 한 말을 하더니 가 버렸다.

복희는 얼굴이 화끈거리고 울음이 터질 것만 같았다. 그리고 억

울했다. 자기도 맘껏 나가서 놀고 싶고, 어리광도 부리고 싶은데 동생 기저귀나 갈고 있으니 말이다. 그래서 아줌마 같다는 말까지 듣다니! 큰딸이니까 늘 동생들에게 양보하는 것도 짜증이 났다.

'엄마 아빠는 왜 이렇게 자식을 많이 낳아서 날 힘들게 하는 거야.'

이 상황에서 동생들은 눈치 없이 복희한테 보챘다.

"언니, 배고파."

"언니, 공깃돌 찾아 줘."

"언니, 인형 갖고 놀고 싶어. 얼른 꿰매 줘."

복희는 도저히 견딜 수가 없었다.

"제발, 제발 나 좀 내버려 둬!"

다 팽개치고 아무도 없는 곳에서 혼자 있고 싶었다. 그러나 이 집에 자기 혼자 있을 곳은 눈을 씻고 찾아봐도 없었다.

혜정이처럼 혼자 쓰는 방이 있으면 얼마나 좋을까? 어쩌면 복희는 어른이 될 때까지도 자기 방을 가지지 못할 것 같았다.

복희는 똥 묻은 기저귀를 수돗가에 팽개치고 집을 나왔다.

무작정 걷다 보니 문득 참외밭 원두막이 보였다. 참외 수확이 끝난 터라 원두막에는 사람들 발길이 끊겼다.

복희는 원두막에 올라가 큰 소리로 엉엉 울었다. 실컷 소리도 질렀다.

"식구만 많으면 뭐 해. 내가 얼마나 속상한지 우리 식구들은 아무도 모를 거야. 다들 나한테 심부름만 시키려 하고. 미워! 미워!"

마음이 좀 후련해지는 것도 같고, 기운도 빠졌다. 복희는 훌쩍거리다가 그만 잠이 들어 버렸다.

그로부터 얼마나 시간이 지났을까?

"복희야! 복희야!"

복희가 자기 이름을 부르는 소리에 눈을 떴을 때는 이미 주변이 어둑어둑해지고 있었다. 바람도 차가워서 몸이 으슬으슬 추웠다.

다시 복희를 부르는 소리가 들렸다.

"복희 언니! 복희 언니!"

높다란 원두막 위에서 주변을 둘러보니 식구들이 자기를 찾고 있었다. 복희는 그제야 자기가 동생들을 놔두고 여기 와 있다는 사실에 깜짝 놀랐다.

"어, 어떡하지? 엄마가 동생들 잘 돌보라고 했는데……."

그때 숙희가 복희를 발견하고 소리치며 달려왔다.

"언니 찾았어요. 원두막에 있어요."

숙희의 외침에 할아버지, 할머니, 엄마, 동생들이 모두 쫓아왔다.

복희는 어쩔 줄을 몰라 머뭇거렸다. 얼마나 크게 혼날까 걱정스럽기만 했다.

그런데 할머니가 원두막으로 올라와 복희를 껴안았다.

"아이고, 우리 맏손녀가 여기 있었네. 너 없어져서 얼마나 걱정했

는지 아니? 네 엄마랑 동생들이 너 찾는다고 호랑리를 이 잡듯이 뒤지고 다녔어."

할아버지는 점퍼를 벗어서 복희 어깨에 걸쳐 주었다.

"됐네, 됐어. 무사히 찾았으니 얼마나 다행이야."

외출복도 갈아입지 못한 채 복희를 찾아 나섰던 엄마가 복희를 바라봤다.

"친구들이 아줌마라고 놀렸다며? 많이 속상했지?"

엄마의 흔들리는 목소리에 걱정이 가득 담겨 있었다.

갑자기 숙희가 울기 시작했다.

"언니, 미안해. 이제 나도 언니랑 같이 동생들 잘 돌볼게."

달희와 영희도 울음을 터트렸다.

"언니, 이제부터 말 잘 들을게. 어디 가지 마."

"언니 없으면 싫어."

콧물을 죽죽 흘리며 우는 동생들을 보자 복희도 울음이 터졌다. 식구들이 자기를 얼마나 걱정했을지 그 마음이 고스란히 느껴져 미안하고 고마웠다. 그리고 설명할 순 없지만 그 마음이 행복하게 느껴지기도 했다.

복희는 눈물을 훔치고 동생들에게 웃으며 말했다.

"나도 미안해. 이젠 너희들 옆에 꼭 붙어 있을게."

시대에 따라 변화하는 가족의 형태

가족이란 무엇일까요? 핏줄로 맺어진 관계라고요?

맞아요. 그런데 꼭 그렇기만 할까요? 엄마와 아빠는 가족인데도 서로 다른 핏줄을 가지고 있잖아요.

가족은 핏줄로 맺어지기도 하지만 결혼으로도 맺어지는 관계예요. 또 부모님의 재혼을 통해서 서로 다른 두 가족이 새로운 한 가족이 되기도 하고, 입양을 통해 자식을 얻으면서 가족 관계가 맺어지기도 해요.

그럼 여러분 가족은 어떤 형태인가요? 가족 구성원의 개인적 특성이나 생활 양식, 시대 변화 등에 따라 매우 다양한 가족 형태가 있어요.

우리나라는 아주 오랜 세월 확대 가족 중심의 가족 형태를 유지해 왔어요. 확대 가족은 결혼한 부부가 부모님을 모시고 자녀들과 함께 사는 가족이에요. 여기에 조부모님을 모시기도 하고, 결혼하지 않은 형제자매가 함께 사는 경우도 있어요. 이렇게 3대 이상이 한집에 모여 사니 식구가 꽤나 많았겠지요? 그래서 대가족이라고도 불러요.

우리나라가 확대 가족 중심이었던 것은 대부분의 사람들이 농사를 짓고 살았던 것과 큰 관련이 있어요. 농사에는 일손이 많이 필요했기 때문에 식구들이 많으면 많을수록 유리했거든요.

그러나 점차 산업이 다양화되고 발전하면서 젊은 사람들이 일자리를 찾아서, 또는 교육을 받기 위해 도시로 떠났어요. 이들은 도시에서 결혼하여 새로운 형태의 가족을 이루었는데 그게 바로 핵가족이에요. 부모님을 모시

대가족

핵가족

재혼 가족

한부모 가족

노인 가족

조손 가족

입양 가족

다문화 가족

독신 가족

지 않은 채, 부부와 자녀들로만 구성된 가족 형태지요.

최근에는 사람들의 가치관이 빠르게 변화하고, 경제적인 이유 등이 작용하면서 가족 형태가 매우 다양해지고 있어요.

재혼한 부모와 그 자녀들로 이루어진 **재혼 가족**,

이혼이나 사망 등의 이유로 한부모와 자녀로 이루어진 **한부모 가족**,

나이 든 부부가 자녀와 함께 살지 않는 **노인 부부 가족**,

부모 없이 할아버지, 할머니가 손자나 손녀와 사는 **조손 가족**,

입양한 자녀와 그 부모로 이루어진 **입양 가족**,

서로 다른 국적을 가진 사람들로 이루어진 **다문화 가족**,

결혼하지 않고 혼자 사는 **독신 가족**

등 여러 가지 형태의 가족이 있답니다.

가족의 형태는, 오랜 세월 우리나라의 전통적인 가족 형태였던 확대 가족이 변화했듯이 사회 변화에 따라 계속해서 바뀔 거예요.

확대 가족과 대가족의 차이점

흔히 확대 가족과 대가족을 같은 의미로 사용하지만 차이점이 있어요. 확대 가족은 자녀가 결혼한 후에도 부모님과 함께 사는 가족 형태이고, 대가족은 식구 수가 많은 가족을 의미해요. 결혼한 부부가 부모님을 모시고 살지 않아도 자녀가 여러 명이라 식구가 많을 경우 대가족이라고 부른답니다.

백 명이 넘는 인도의 대가족

농업 중심에서 산업 중심 사회로 바뀌면서 대부분 국가들은 대가족에서 핵가족으로 빠르게 변화했어요. 그러나 여전히 대가족 문화를 유지하고 있는 나라가 있어요. 바로 13억이 넘는 인구를 자랑하는 인도랍니다. 인도는 중국에 이어 세계에서 두 번째로 인구가 많은 나라지요.

인도도 1970년대부터 젊은 사람들이 농촌에서 도시로 이동하면서 대가족에서 핵가족 중심으로 바뀌어 가는 추세예요. 그럼에도 불구하고 2012년 통계에 따르면, 대가족이 전체 가구의 64퍼센트를 차지한다고 해요.

인도의 대가족은 가장과 그의 아내 그리고 결혼을 안 한 자식을 중심으로 가장의 형제들과 그들의 아내와 자녀들까지 모두 한집에 살아요. 그래서 가족 구성원이 적게는 다섯 명부터 많게는 백 명이 넘기도 해요.

이들은 집이나 땅 같은 재산도 공동으로 소유하는데, 다만 관리만 가장이 맡아 해요. 또 경제 활동이나 종교 의례 등을 가장을 중심으로 함께하기 때문에 '합동 가족'이라고도 부른답니다.

· 3화 ·
형제 많은 게 부끄러워요

1982년

1982년 5월 10일 5학년 5반의 미술 시간.

오늘은 '가정의 달'을 맞이하여 가족계획 포스터를 그리기로 되어 있었다. 말희는 스케치북과 크레파스를 꺼내 책상 위에 올려놓았다.

수업이 시작되자마자 선생님이 질문했다.

"여러분, 요즘 우리나라에서 권장하는 가족계획이 어떤 건지 알아요?"

아이들이 망설이지 않고 대답했다.

"한 집에 한 명씩 낳기요!"

선생님은 아이들의 대답에 만족스러운 듯 미소를 지어 보이고는 칠판에 미리 써 놓은 표어를 가리켰다.

지구가 두 개라면 해결될까요?
한 부모에 한 아이 이웃 간에 오누이
하나씩만 낳아도 삼천리는 초만원
둘도 많다!
잘 키운 딸 하나 열 아들 안 부럽다
하나 낳고 알뜰살뜰
여보! 우리도 하나만 낳읍시다!

"맞아요. 높은 출산율을 낮추기 위해 '한 가정 한 자녀 낳기' 캠페인을 벌이고 있어요. 이건 가족계획에 관한 표어들인데요, 오늘 미술 시간에는 이 표어들 중 한 가지씩 골라서 포스터를 그려 보도록 해요."

선생님의 말씀이 끝나자 말희는 "후유―" 하고 숨을 돌렸다. 다행히 그 질문이 나오지 않았다.

매년 가족계획 포스터 그리기가 있을 때마다 선생님이 형제가 몇 명인지 물어보곤 해서 진땀을 뺐었기 때문이다.

말희는 선생님이 칠판에 적은 표어들을 읽어 봤다. 그중에서도 '잘 키운 딸 하나 열 아들 안 부럽다'가 마음에 쏙 들었다. 크레파스를 들고 그림을 그리려는데 짝꿍 민주가 느닷없이 물었다.

"말희야, 넌 형제가 몇 명이야?"

선생님이 안 하는 대신 민주가 그 질문을 해 버렸다.

말희는 너무 당황한 나머지 선뜻 말이 나오지 않았다.

"어, 어, 그게 그러니까……."

민주가 어이없다는 표정을 지었다.

"얘, 너 형제 수도 까먹은 거야?"

"아, 아니 그게 아니고. 갑자기 물어봐서."

말희는 바닥에 떨어진 크레파스를 줍는 척하며 그냥저냥 넘어가길 바랐지만 민주는 기어코 알아낼 작정인 것 같았다.

"난 오빠랑 단둘이야. 너는 몇 명이니?"

말희는 차마 사실대로 말할 수가 없어서 떨리는 목소리로 거짓

말을 했다.

"난 세, 세 명이야. 언니랑 나랑 여동생이랑 딸만 셋이야."

"그렇구나. 딸만 있으니 이야기가 잘 통하겠다."

"어……, 그냥 그래."

말희는 온몸에 진땀이 났다.

형제 수가 무려 여덟 명이나 되기 때문이다. 그중 말희는 여섯째.

제일 큰언니 복희를 시작으로 숙희, 달희, 영희, 은희에 이어 여섯째 딸이 태어나자 부모님은 이 딸이 마지막이길 바라는 마음으로 '끝 말(末)' 자를 써서 말희라는 이름을 지었다. 그리고 2년 후, 종갓

집에 장손이 태어나지 않으면 눈을 감을 수 없다는 증조할머니 때문에 일곱째를 낳았다. 그러나 안타깝게도 또 딸이었고, 새로이 막내가 된 아기는 '마칠 종(終)' 자를 써서 '종희'라는 이름을 갖게 되었다.

올해 엄마가 늦둥이를 낳으면서 종희는 무려 9년 만에 막내 자리를 여덟째에게 내주고 말았다. 여덟째는 증조할머니, 할아버지, 할머니, 부모님이 애타게 바라고 바라던 아들이었다. 이렇게 해서 말희네 형제자매는 여덟 명이 되었고, 종손이 태어나는 걸 본 증조할머니는 행복하게 눈을 감으셨다.

말희는 형제자매 얘기만 나오면 가능한 한 말을 아꼈다.

"헉! 여덟 명이나 돼?"

놀란 표정을 짓거나, 놀리듯 웃는 게 싫었다. 더구나 그 여덟 명 중에 일곱 명이 딸이고 막내가 남동생이라는 걸 들은 사람들의 표정은 더욱 싫었다. 아들을 낳기 위해 억지로 태어난 아이라는 듯 말희를 딱하게 바라보는 시선이 정말 싫었다. 이건 말희만의 생각이 아니었다. 다섯 언니들과 동생 종희도 비슷하게 겪는 생각이었고, 그래서 일곱 자매가 함께 다니는 것을 모두들 칠색 팔색했다.

말희는 민주와의 대화가 여기서 멈추길 바라며 포스터 그리기에 집중했다.

'잘 키운 딸 하나가 열 아들 부럽지 않다는 표어를 어떻게 그림으로 표현할까?'

이리저리 궁리하던 말희는, 열 명의 아들은 부모님한테 용돈을 달라고 손을 벌리는데, 한 명의 딸만 해외여행 비행기표를 선물하는 그림을 그리기로 했다.

그런데 민주가 또다시 질문을 해 왔다.

"말희야, 너는 왜 나한테 한 번도 집에 놀러 오라고 안 해? 우리 집에는 자주 놀러 오면서?"

말희가 다시 한 번 당황하며 대답했다.

"어? 내가 그랬나?"

말희는 어렸을 때 동네 친구들한테 형제자매가 많다고 놀림을 당한 이후로 단 한 번도 친구를 집에 데려오지 않았다. 5학년에 올라와 단짝이 된 민주도 예외는 아니었다. 언니들과 동생 종희도 비슷한 이유로 친구를 집에 데려오지 않았다.

"너희 집 호랑 한약방 뒷집이랬지?"

"어어."

"다음에 놀러 갈게."

말희는 차마 안 된다는 말을 하지 못한 채 얼버무리며 크레파스를 들었다.

'설마 진짜로 놀러 오진 않겠지?'

그로부터 한 달쯤 지난 일요일 오후였다.

어른들은 장손 귀성이를 데리고 친척 결혼식에 가고, 일곱 딸들만 남아 집을 지키고 있었다. 안방에 모여 앉아 텔레비전 코미디 프로를 보고 있는데 대문 밖에서 익숙한 목소리가 들렸다.

"말희야!"

순간, 말희가 벌떡 일어섰다.

"어떡해! 민주가 정말 왔나 봐."

말희가 달려나가 대문을 여니 민주가 환하게 웃으며 서 있었다. 허리까지 오는 긴 머리에 분홍 점퍼를 예쁘게 차려입고 있었다.

"네가 웬일이야?"

"엄마랑 호랑 한약방에 약 지으러 왔다가 너랑 놀다 가려고 들렀어. 괜찮지?"

말희는 이러지도 저러지도 못하고 머뭇거리다가 도로 대문을 닫았다.

"미안, 잠깐만 밖에서 기다려 줘."

그러고는 신발도 채 벗지 못하고 안방으로 달려 들어갔다.

"어, 어떡해. 짝꿍이 집에 놀러 왔어. 나 형제가 셋뿐이라고 했으니까 종희랑 은희 언니만 빼고 방에서 나오면 안 돼. 알았지?"

편한 자세로 널브러져 텔레비전을 보던 언니들이 동시에 몸을 일으켰다. 모두들 말희 같은 거짓말을 해 본 적이 있던 터라 척하고 알아들었다.

말희는 안방에서 나와 마루 아래 있는 신발들을 황급히 안방으로 던졌다.

대문 밖에서 기다리던 민주가 말희를 찾았다.

"말희야, 뭐 해?"

"어, 지금 나가."

말희는 마음을 가라앉히며 대문을 열었다.

"미안. 방이 너무 지저분해서 잠깐 치우느라고."

말희는 민주를 데리고 자기 방으로 들어가며 안방을 흘깃 보았다. 방문은 닫혀 있고, 텔레비전 소리도 들리지 않았다.

방으로 들어온 민주는 신기한 듯 사방을 두리번거렸다.

"와, 여기가 네 방이구나?"

"응, 나랑 언니랑 동생이랑 셋이서 같이 쓰는 방이야. 지저분하지?"

민주는 고개를 저으며 책꽂이에 꽂힌 책들이며, 액자의 사진들을 구경했다.

민주가 하필 일곱 자매가 같이 찍은 액자를 집어 들었다.

"이건 누구랑 찍은 사진이야?"

말희의 심장이 철렁 내려앉았다.

"사, 사촌들이랑 찍은 거야."

민주가 사진을 눈앞에 바싹 대고 유심히 들여다보았다.

"어머, 일곱 명이 붕어빵처럼 닮았어."

말희는 속으로 피식 웃었다.

'넌 모를 거야. 너무 닮아서 절대 같이 안 다닌다는 걸.'

방 안을 이리저리 구경하던 민주가 점퍼를 벗고 방바닥에 앉았다.
"근데 집이 되게 조용하다. 식구들은 다 어디 갔니?"
"어른들은 전부 친척 결혼식에 갔고, 언니랑 동생은 다른 방에 있어."

마침 은희 언니가 과일을 가져왔다. 종희도 궁금했는지 언니를 따라와 흘깃거렸다.

"맛있게 먹고 놀다 가."

"언니, 고마워요."

민주는 빈 쟁반을 들고 가는 은희 언니와 종희를 보며 부러운 듯 말했다.

"넌 언니랑 동생이 있어서 좋겠다. 우리 오빠는 무뚝뚝해서 재미없어."

민주는 즐겁게 이런저런 얘기를 했지만, 말희의 머릿속에는 '민주가 언제 갈까?' 하는 생각뿐이었다. 언니들이 안방에 꼼짝 않고 틀어박혀 있어 주고는 있지만 그래도 혹시 모를 일이 일어날까 봐 도둑이 제 발 저리듯 안절부절못했다.

댕! 댕! 댕! 댕!

벽시계가 오후 네 시를 알렸다.

그 소리에 드디어 민주가 일어났다.

말희는 반가운 마음을 감추며 아쉬운 듯 말했다.

"벌써 가려고?"

민주의 표정은 정말로 아쉬워 보였다.

"더 놀고 싶은데 숙제를 아직 못 했지 뭐야. 다음에 또 놀러 와도 돼?"

"그럼."

말희는 고개를 끄덕이고는 민주가 벗어 놓은 분홍색 점퍼를 건네주었다.

그런데 그토록 말희가 걱정하던 뜻밖의 상황이 발생하고 말았다. 민주가 점퍼를 입고 지퍼를 올리는데 그만 머리카락이 끼어 버리고 만 것이다.

"어떡해. 내 머리카락!"

머리카락이 낀 지퍼는 올라가지도 내려가지도 않고, 머리카락도 빠지지 않았다.

"내가 한번 해 볼게."

말희가 지퍼 고리를 붙잡고 위아래로 움직여 봤지만 꼼짝도 하지 않았다. 도리어 지퍼를 움직일수록 머리카락이 더 말려 들어가기만 했다.

"우리끼리는 안 되겠어. 언니한테 부탁해 보자."

말희는 방문을 열고 다섯째 은희 언니를 불렀다.

곧장 은희 언니가 달려왔다.

"왜? 무슨 일이야?"

"지퍼에 머리카락이 끼어서 안 빠져. 언니가 좀 빼 봐."

은희 언니가 조심조심 지퍼를 움직이며 머리카락을 빼내려고 했지만 안 되었다.

"어쩌지? 나도 못 하겠는데."

은희 언니가 말희를 보고 어깨를 으쓱했다.

말희가 책상 서랍에서 가위를 꺼내 들었다.

"머리카락을 자르는 게 어때?"

가위를 본 민주가 고개를 절레절레 저으며 소리쳤다.

"그건 안 돼! 절대 안 돼!"

괴로워하는 민주를 보던 은희 언니가 말희에게 귓속말을 했다.

"넷째 언니한테 해 달라고 하자. 언니라면 꼼꼼해서 잘 빼낼 거야."

"안 돼. 언니가 한 명뿐이라고 거짓말했는걸?"

그사이 민주가 울먹거렸다.

"어떡해. 이 꼴로 집까지 걸어갈 수도 없고."

말희는 친구를 위해 거짓말을 들통 내기로 하고 넷째 언니를 급히 불렀다.

"영희 언니! 빨랑 내 방으로 와 줘."

안방에서 말희의 목소리를 들은 영희 언니가 어리둥절한 표정으로 들어왔다.

영희 언니의 등장에 민주도 어리둥절했다.

"말희야, 언니가 또 있었어?"

"어……."

말희가 겸연쩍은 듯 고개를 끄덕이고는 영희 언니에게 부탁했다.

"언니, 이 지퍼에서 머리카락 좀 빼 봐."

그러나 영희 언니도 지퍼 고리만 잡고 낑낑거리다가 손을 놓고 말았다.

"도저히 안 되겠다. 머리카락을 자르는 수밖에 없겠어."

영희 언니 말에 이번에도 민주는 세차게 고개를 저었다.

"그건 안 돼요. 1학년 때부터 소중하게 기른 머리란 말이에요."

말희는 할 수 없이 셋째 언니를 불렀다.

달희 언니의 등장에 민주의 눈이 휘둥그레졌지만 지금 그런 건 아무 문제가 되지 않았다. 지퍼에서 머리카락을 빼낼 수 있느냐만이 중요했다.

그러나 달희 언니도 땀만 뻘뻘 흘릴 뿐 머리카락을 빼내지 못했다. 그다음에 달려온 둘째 숙희 언니도 마찬가지였다.

민주는 기어이 울음을 터트렸다.

"내 머리 어떡해!"

결국 말희는 자기 나이보다 열두 살이나 많은 첫째 복희 언니에게 구조 요청을 했다.

"후유, 드디어 빠졌다."

지퍼에서 머리카락이 빠지자 말희네 일곱 자매는 기진맥진한 모습으로 바닥에 주저앉았다.

민주는 머리카락을 가지런히 매만지고 언니들에게 인사했다.

"언니들, 고마워요. 말희에게 언니가 다섯 명이나 있는 줄 몰랐어요."

말희는 미안함에 어쩔 줄 몰랐다.

"민주야, 미안해. 거짓말해서……."

"괜찮아. 그럼 전부 일곱 자매니?"

민주의 물음에 말희는 어떻게 대답할까 망설였다. 솔직하게 남동생까지 밝히고 여덟 명이라고 해야 하나, 아니면 한 명이라도 줄여서 말해야 하나 대답을 못 했다.

말희는 언니들을 바라보았다. 언니들도 어떻게 대답하는 게 좋을지 몰라 망설였다. 모두들 누가 형제자매 수를 물어볼 때마다 한 명이라도 줄여서 말한 경험이 있었기 때문이다.

말희도 어떻게든 한 명이라도 줄여서 말하고 싶었다.

"어, 일곱 자매야."

그때 대문이 벌컥 열리며 요란한 아기 울음소리가 들렸다. 부모님과 함께 친척 결혼식에 갔던 막내 귀성이가 돌아온 것이다.

말희는 하던 말을 마무리했다.

"그리고 남동생이 한 명 더 있어."

민주는 엄마 등에 업힌 귀성이를 보고는 입이 쩍 벌어져 한동안 다물지 못했다.

말희가 민주에게 사과했다.

"속여서 미안해. 형제자매가 너무 많아 솔직하게 말하기 부끄러웠어."

말희는 솔직하게 말하고 나니 마음이 한결 가벼워지는 것 같았다.

도리어 민주가 미안해했다.

"내가 더 미안해. 눈치 없이 찾아와서 너만 힘들게 했나 봐."

말희는 홀가분한 표정으로 말했다.

"아냐, 네 덕분에 마음이 한결 가벼워졌어. 그리고 언니들이 많아서 다행이야. 네 소중한 긴 머리카락을 지킬 수 있었으니까."

"하하하! 그렇네?"

민주도 일곱 자매도 모두 유쾌한 웃음을 터트렸다. 귀성이만 누나들이 왜 웃는지 몰라 어리둥절할 뿐이었다.

적게 낳을수록 좋다! 인구 증가 억제 정책

우리나라에서 본격적인 인구 정책을 실시한 때는 1962년부터예요.

1945년 우리나라가 광복을 맞이할 무렵, 남한 인구는 약 1600만 명이었어요. 그런데 1960년이 되자 불과 15년 사이에 무려 9백만여 명이 늘어나 약 2500만 명이 되었지요. 이렇게 인구가 급격히 증가한 이유는 6·25전쟁이 끝나면서 사회가 안정되자, 사람들이 자식을 많이 낳고 싶어 하는 베이비 붐이 일어났기 때문이에요. 의학 기술이 발전하고, 약품이 보급되면서 사망률도 크게 줄었지요.

그런데 이 무렵 우리나라는 전쟁이 끝난 지 얼마 되지 않아 경제 사정이 매우 어려웠어요. 정부는 국민들이 빈곤에서 벗어나 개개인의 삶의 질이 높아질 수 있도록 본격적인 인구 정책을 펼쳤어요. 바로 출산율(아기를 낳는 비율)을 낮춰 인구가 늘어나는 것을 막는 출산 억제 정책이었지요.

이 정책은 1980년대까지 꾸준히 이어지면서 1960년대에 6명이던 합계출산율(한 명의 여성이 평생 낳을 것으로 기대되는 평균 자녀 수)을 1970년대에는 4명으로, 1980년대에는 2명으로 낮추는 성과를 거두었어요.

이때 정부에서 인구 정책을 홍보하기 위해 사용한 가족계획 포스터와 표어를 보면 시대별 인구 정책을 알 수 있답니다.

가족계획 포스터와 표어

1960년대

알맞게 낳아서 훌륭하게 기르자!
덮어놓고 낳다 보면 거지꼴을 못 면한다
자녀 많다 후회 말고 낳기 전에 조절하자
적게 낳아 잘 기르면 부모 좋고 자식 좋다

1970년대

둘만 낳자
딸 아들 구별 말고 둘만 낳아 잘 기르자
잘 키운 딸 하나 열 아들 안 부럽다
둘만 낳아 식량 조절

1980년대

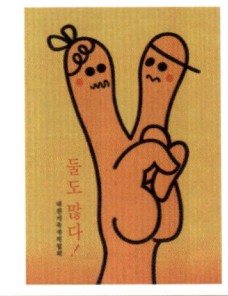

둘도 많다!
하나 낳아 알뜰살뜰
하나씩만 낳아도 삼천리는 초만원
축복 속에 자녀 하나, 사랑으로 든든해

사진 제공 : 인구보건복지협회

세계적으로 가장 강력한 중국의 가족계획 정책

중국은 오랜 세월 동안 '전 세계에서 가장 인구가 많은 나라' 자리를 차지하고 있어요. 전 세계 인구 77억 명 중 약 18퍼센트에 해당하는 14억 가량의 인구가 바로 중국인이거든요.

중국은 지나치게 많은 인구와 높은 인구 증가율로 인해 여러 문제가 발생하자 1978년부터 자녀 수를 제한하는 정책을 추진했어요. 한 가구당 오직 한 자녀만 낳는 '한 자녀 낳기' 정책이에요.

만약 이를 어기고 둘째 아이를 낳으면 호적에 올릴 수도 없고, 10만 위안(우리나라 돈으로 약 1700만 원)의 벌금을 내야 할 만큼 강력한 정책이었지요. 덕분에 중국의 출산율은 크게 감소했고, 폭발적인 인구 증가율을 막을 수 있었어요.

하지만 그만큼 부작용도 많았답니다. 집집마다 한 자녀만 낳다 보니 부모가 과보호를 하며 오냐오냐 키워서 아이들이 자기만 알고 버릇없는 폭군으로 자라게 된 거예요. 이런 아이들을 '소황제'라고 부르지요.

중국 출생률 추이

※인구 1000명 당 출생아 수

연도	출생률
1988	22.37
1998	15.64
2008	12.14
2015	12.07
2016	12.95
2017	12.43
2018	10.94

(단위 : 명)
자료 : 중국국가통계국

　또 둘째를 낳고도 벌금을 내지 못해 호적에 올리지 못하는 아이들도 많이 생겨났어요. 이 아이들을 '흑해자'(검은 아이라는 뜻)라고 부르는데, 이들은 호적이 없기 때문에 학교에도 병원에도 갈 수 없어요. 중국에는 무려 1300만 명이 넘는 흑해자가 있다고 해요.
　이외에도 자식을 낳지 않기 위한 낙태 수술이 흔히 행해졌고, 남아선호사상으로 인해 여성보다 남성이 훨씬 많은 남초 현상, 인구의 고령화 등 여러 문제가 발생했지요.
　이에 중국은 2016년에 둘째 출산을 허용했고, 2020년까지 자녀 수 제한 정책을 폐지하는 입법 절차를 마무리하기로 했답니다.

· 4화 ·
나도 여자 짝꿍이랑 앉을래

1992년

"우리 귀성이 갈치구이가 맛있는가 보구나."

할머니가 냉큼 갈치구이 접시를 귀성이 앞으로 당겨다 놨다.

"할머니, 제가 알아서 먹을게요."

하지만 갈치구이 접시는 이미 귀성이 앞에 놓여 있었다.

순간, 밥상에 둘러앉은 다섯 누나들의 표정이 싸늘해지는 게 느껴졌다. 그리고 불만의 목소리들이 터져 나왔다.

"할머니, 귀성이만 입이에요? 저희도 갈치구이 좋아해요."

"할머니는 귀성이밖에 모르신다니까?"

"제발 손녀들도 좀 챙겨 주세요."

가만히 듣고 있던 아버지가 누나들을 말렸다.

"어허, 아침 밥상에서 웬 소란이냐. 어서 먹고 학교들 가고 출근들 해라."

그러나 오늘은 그냥 넘어갈 분위기가 아니었다.

첫째 복희 누나와 둘째 숙희 누나가 결혼한 이후 누나들 중 대장이 된 셋째 달희 누나가 숟가락을 내려놓았다.

"아버지, 저희도 할 말은 해야겠어요. 어른들이 너무 귀성이만 오냐오냐 떠받들잖아요."

할머니의 눈이 금방 샐쭉해졌다.

"그래, 너희들은 어린 막냇동생한테 갈치 좀 먹이기로 그렇게 억울하냐? 나 같으면 많이 먹고 건강하라고 가시까지 발라 주겠구먼."

달희 누나가 원망 섞인 목소리로 말했다.

"저희가 그런 생각을 하기도 전에 할머니가 먼저 챙겨 주시잖아요."

넷째 영희 누나도 끼어들었다.

"손녀들도 할머니 자손이에요. 같이 좀 예뻐해 주시면 안 돼요?"

할머니는 뾰족한 대답이 없는지 쿵 소리를 내며 시선을 돌렸다.

대신 할아버지가 대답했다.

"어떻게 손녀랑 손주를 똑같이 예뻐하누. 손주는 황씨 집안의 대를 잇고 조상들 제삿밥을 챙겨 줄 자식인데."

누나들은 어이가 없는지 한숨을 내쉬며 다시 밥을 먹었다.

말희 누나만 들릴 듯 말 듯 중얼거렸다.

"쳇, 제삿밥을 만드는 건 여자들인데."

아버지가 얼른 누나의 옆구리를 치며 말을 막았다. 덕분에 자칫 험악해질 수 있는 분위기가 무사히 가라앉았다.

이런 대화가 오가면 귀성이는 마음이 말할 수 없이 불편했다. 꼭 죄인이 된 심정이다.

귀성이는 동네에서 유명한 딸부잣집의 막내 외동아들이다. 종갓집 장손인 아버지가 대를 이을 자손을 낳으려고 딸을 일곱이나 낳고 여덟 번째 만에 얻은 아들이 바로 귀성이다. 학교 선생님인 아버지는 '아들과 딸은 똑같이 귀하다.'고 생각하고 가르치는 분이지만 어른들의 뜻을 거스를 수 없었다고 한다.

할아버지는 얼마나 손자를 바랐던지 '귀한 성'이란 의미로 귀성이라는 이름까지 지어 주었다. 그리고 귀성이가 태어날 때만 해도 살아 계셨던 증조할머니는 '이제 대를 이었으니 죽어서 조상님 뵐 낯이 생겼다.'며 기쁜 표정으로 돌아가셨다고 한다.

하지만 귀성이는 자신이 아들이라 받는 유난한 사랑과 특별한 대우가 늘 부담스러웠다. 또 딸이라는 이유만으로 차별 대우를 받는 누나들을 보면 미안하고 민망해서 어쩔 줄을 몰랐다.

오늘도 밥이 입으로 들어가는지 코로 들어가는지도 모른 채 아침밥을 먹고 집을 나섰다.

학교로 가는데 영훈이가 귀성이를 부르며 쫓아왔다.
"어이, 황귀성!"
영훈이는 귀성이의 같은 반 짝꿍이다.
"야, 교실서도 하루 종일 같이 붙어 있는데 학교 밖에서는 좀 따로따로 다니자."
귀성이의 말에 영훈이가 입을 삐죽거렸다.

"쳇, 나도 그러고 싶은데 네 표정이 하도 우울해 보여서 불렀다. 무슨 일 있었냐?"

"응, 툭하면 벌어지는 사건 있잖아. 황귀성 특별 대우 사건."

유치원 시절부터 귀성이와 단짝 친구인 영훈이는 사건 명만 듣고도 무슨 일이 벌어졌는지 훤히 꿰뚫었다.

"너희 누나들이 우리 교실에 오면 섭섭한 마음이 단번에 사라질 텐데."

"맞아, 남학생이 너무 많아 여자 짝꿍이랑 한 번도 앉아 보지 못한 걸 알면 불쌍하다고 할지도 몰라."

귀성이네 반은 총 44명인데 그중 남학생이 26명이고, 여학생이 18명이다. 앞 번호부터 남녀 한 명씩 짝을 맞춰 앉고 나면 남학생만 8명이 남아서 그들끼리 짝을 지어 앉았다. 다른 반도 남학생 수가 더 많아 사정은 마찬가지였다.

키가 커서 뒷 번호인 귀성이는 1학년 때부터 줄곧 남학생이랑만 짝을 이루어 앉았다. 남학생끼리 짝 지어 앉는 게 나쁘진 않았지만 가끔 불공평하다는 생각이 들었다.

귀성이와 영훈이는 교실 맨 뒷자리에 나란히 앉았다.

영훈이가 가방에서 책을 꺼내며 말했다.

"왜 이렇게 남학생이 여학생보다 많은 걸까?"

"가족계획 때문이지. 우리 태어날 때 한 자녀 갖기 운동이 있었다잖아."

귀성이는 누나들 방에 있는 포스터에서 보았던 표어를 떠올렸다.
"아하! '둘도 많다. 하나만 낳아 잘 기르자', '하나씩만 낳아도 삼천리는 초만원!'이라는 표어 나도 기억나."
영훈이가 표어를 읊자, 앞자리 상규가 끼어들었다.
"그때 아들을 낳은 사람은 한 자녀로 끝났는데, 딸을 낳은 사람은 아들을 낳으려고 또 낳았다잖아."
그 말에 귀성이가 얼굴을 붉혔다.
"대표적으로 우리 집이네. 아들 낳으려고 딸을 일곱이나 낳은……."
상규는 씁쓸한 목소리로 말했다.
"나는 형제 없이 나 혼자이긴 한데, 날 낳으려고 엄마가 수술도 했었대."
귀성이와 영훈이가 눈을 동그랗게 떴다.
"무슨 수술?"
"아이를 가졌을 때 병원에서 남자인지 여자인지 알아내어, 여자이면 안 낳는 수술을 했었다나 봐."
"맙소사! 그런 무서운 일이 있었다니."
귀성이는 줄줄이 딸을 낳은 자기네 집이 차라리 인간적이라는 생각이 들 정도였다.
남자 형제만 있는 영훈이는 당최 이해할 수 없다는 표정이었다.
"대체 아들이 뭐가 그렇게 좋다고 그러셨을까?"

상규가 고민도 없이 대답했다.

"딸은 시집가면 남의 집 사람이지만, 아들은 대를 잇고 제사를 지내서 좋은 거래."

그 말은 귀성이 할머니, 할아버지가 틈만 나면 하시는 말씀과 같았다.

아까부터 귀 기울이고 있던 옆 분단의 진태가 어느새 귀성이 옆에 다가왔다.

"그 결과! 이렇게 남자가 여자보다 훨씬 많아서 남자끼리 짝꿍을 한다는 슬픈 사실!"

진태의 말에 귀성이의 입에서 한숨이 흘러나왔다.

"아! 나도 여자 짝꿍이랑 앉아 보고 싶다."

"나도!"

"나도!"

그때 1교시가 시작되는 종이 울리며 선생님이 들어왔다.

"여러분, 좋은 아침!"

선생님은 아이들을 휘 한번 둘러보다가 시선을 멈췄다.

"저 뒷자리는 분위기가 왜 그러지? 뭔가 심각한 것 같다?"

귀성이가 머뭇거리다 용기를 내어 손을 들었다.

"선생님, 짝꿍 좀 바꿔 주세요!"

"바꾸다니? 너희들 싸웠니?"

"그게 아니고요. 저희도 여자 짝꿍이랑 앉고 싶습니다."

반 아이들이 "우우―." 환호성을 질렀다.

"황귀성! 너, 누구랑 앉고 싶어서 그러냐?"

"솔직하게 말해 봐."

귀성이는 아이들의 말에 머쓱했지만 내친김에 하고 싶었던 말을 했다.

"키가 크다는 이유로 저희만 항상 남자 짝꿍과 앉는 건 불공평하다고 생각합니다. 기회는 똑같이 주어져야 하지 않나요?"

귀성이의 말에 여기저기서 다양한 의견이 튀어나왔다.

"맞아. 키가 커서 뒷 번호인데, 그 이유만으로 남자 짝꿍과 앉는다는 건 불공평하지."

"근데 여자 짝꿍이랑 앉는 게 그렇게 좋은 것도 아닌데?"

"그래도 일 년 내내 남학생끼리 앉는 건 너무해."

"여자 짝꿍과 앉을 기회를 줘야 해."

아이들의 의견에 귀 기울이던 선생님이 말했다.

"나도 귀성이 의견이 맞다고 생각해. 남학생이 여학생보다 많으니까 어쩔 수 없이 남학생끼리 앉게 한 건데 너희들 생각이 어떨지 미처 생각하지 못했구나."

선생님이 반 아이들에게 물었다.

"이 문제를 어떻게 해결하면 좋을까?"

선생님은 해결 방법을 아이들한테 넘겼다.

부반장 예리가 손을 들고 대답했다.

"옆 반에서는 여학생들이 앉고 싶은 남학생들을 선택했대요."

앞쪽에 앉은 누군가 물었다.

"그럼 선택받지 못한 학생들은?"

"다시 남학생들끼리 앉았대."

선생님은 고개를 갸웃했다.

"선택권이 여학생에게만 있다니 그건 더 불공평한 방법인데?"

모두 해결 방법을 궁리하는데 귀성이가 의견을 냈다.

"그럼 이 방법은 어때요?"

"어떤 방법?"

"남학생들 번호를 적은 종이를 상자에 넣은 다음 여학생들이 뽑는 거예요. 여학생은 뽑은 번호의 남학생과 짝꿍이 되고요."

선생님이 박수를 쳤다.

"오, 그거 좋은 방법인걸? 누군지 전혀 모르고 뽑는 거니까 설령 뽑히지 않아도 상처받지 않을 테고. 아주 공정한 방법이야. 단 이번에도 뽑히지 못한 남학생들은 여학생과 짝꿍이 못 되어도 불평하지 않기!"

아이들은 흔쾌히 대답했다.

"그럼요!"

이렇게 해서 4학년 3반은 마지막 수업 시간에 번호 뽑기를 진행하기로 하고 수업을 시작했다.

하지만 아이들은 하루 종일 수업에 집중할 수가 없었다. 쉬는 시간만 되면 짝꿍 뽑기 이야기로 술렁거렸다.

남학생들은 누구와 짝이 될까 기대되는 한편, 걱정스럽기도 했다.

"싫어하는 애한테 뽑히면 어쩌냐?"

"그럴 거면 마음 맞는 남학생끼리 앉는 게 나을 거야."

여학생들은 여학생대로 기대 반 걱정 반이었다.

"싫어하는 애를 뽑으면 어쩌지?"

"그러게 말야. 무를 수도 없고."

그러나 뭐니 뭐니 해도 제일 마음이 술렁거리는 건 귀성이를 포함한 뒷자리 남학생 8명이었다. 이 친구들은 누구와 앉느냐가 문제가 아니었다.

"설마 운 나쁘게 내 번호가 안 뽑히는 건 아니겠지?"

영훈이는 다리를 덜덜 떨었다.

"난 머피의 법칙이 잘 일어나는 편인데 큰일이네. 뽑기 같은 거 하면 꼭 꽝이거든."

상규는 두 손을 모으고 하늘을 올려다봤다.

"간절히 원하면 꼭 이루어진댔어. 제발 내게도 여자 짝꿍과 앉을 기회를 주소서!"

진태가 상규를 따라했다.

"제게도 주소서!"

귀성이도 눈을 지그시 감고 마음속으로 빌었다.

'이왕이면 내가 좋아하는 지은이가 날 뽑게 해 주세요. 정말 좋은 짝이 되도록 노력할게요.'

어느덧 마지막 수업이 끝나고, 선생님이 상자를 들고 들어왔다.

"자, 이 상자 안에는 1번부터 26번까지의 번호가 적힌 종이가 들어 있어. 여학생들이 1번부터 차례로 나와서 번호를 뽑으면 해당 번호의 남학생과 짝이 되는 거야. 혹시 짝이 맘에 안 들거나 해도 절대 불만 갖지 않기다?"

"네!"

선생님은 상자를 흔들어 번호가 적힌 종이가 잘 섞이도록 했다.

선생님이 교탁 위에 상자를 내려놓자 번호 뽑기가 시작되었다.

아이들은 새로운 방식으로 만날 짝꿍에 대한 기대로 한껏 부푼 표정이었다. 귀성이는 지은이가 뽑기 전까지 제발 자기 번호인 25번이 불리지 않기를 바라며 지켜봤다.

그 와중에 영훈이의 번호 26번이 불렸다.

"야호!"

영훈이는 부반장 예리의 새로운 짝꿍이 되었다. 입이 귀에 걸린 채 자리에서 일어나는 영훈이를 보고 귀성이가 툴툴댔다.

"인마, 그렇게 좋아하면 내가 섭섭하잖아. 반년 동안이나 짝이었던 나를 잊지 마라."

"헤헤, 알았어."

영훈이는 냉큼 예리 옆자리로 가서 앉았다.

영훈이가 뽑힌 이후로 남학생들끼리 앉은 8명 중 6명이 여학생과 짝꿍이 되었다. 귀성이는 이제 자기 차례가 머지않았다는 생각에 마음이 두근거렸다.

그때 기다리고 기다리던 지은이가 앞으로 나와 상자 안에 손을 넣었다. 귀성이의 심장이 튀어나올 것처럼 뛰었다.

마침내 여학생들 중 열네 번째로 나온 지은이가 번호를 불렀다.

"15번!"

귀성이의 번호가 아니었다.

귀성이에겐 충격도 이만저만한 충격이 아니었다. 지은이의 짝이 되지 못한 것도 아쉬웠지만 이러다가는 아예 뽑히지 않을 수도 있다는 위기의식이 들었던 것이다.

이제 남은 번호는 12개이고, 번호표를 뽑을 여학생은 달랑 4명뿐. 귀성이가 뽑힐 확률은 3분의 1이었다. 이 확률은 아직 뽑히지 않은 남학생들에게도 같은 것이었다.

교실 분위기는 긴장감이 넘쳤다.

"와, 이거 생각했던 것보다 엄청 떨린다."

"과연 12명 중 누가 4명 안에 뽑힐까?"

남은 네 명의 여학생들이 한 명 한 명 앞으로 나와 번호를 뽑아 들었고, 번호의 주인공들이 환한 미소를 지으며 자리에서 일어났다. 그러나 마지막 단 한 명을 남겨 놓을 때까지 귀성이의 번호는 뽑히지 않았다.

이제 뽑힐 확률은 9분의 1!
 마지막으로 번호를 뽑을 여진이가 교탁 앞으로 나오자 선생님이 당부했다.
 "지금 안 뽑히는 학생들은 아쉽지만 불만 없이 남학생들

끼리 앉는 거다?"

"네."

귀성이는 대답은 했지만 그래도 설마 하는 마음을 놓지 않았다. 마지막 가능성을 포기하고 싶지 않았다.

 앞쪽에 앉은 영훈이가 귀성이를 바라보고 소리 나지 않게 파이팅을 외쳐 주었다.
 드디어 여진이가 상자 속에 손을 넣고 남은 번호표들을 휘저었다. 그리고 한 장을 뽑아 들었다.
 귀성이는 눈을 감고 마음속으로 빌었다.
 '제발 25번이라고 말해 줘.'
 그러나 여진이가 뽑은 번호는······.

"11번!"

"헉!"

이것으로 귀성이는 남학생과 짝이 되었다. 남학생들끼리 앉았던 학생들 중 귀성이만 또다시 남자 짝꿍과 앉게 되었다.

이 순간 귀성이의 머릿속에는 할머니가 자주 하는 넋두리가 생각날 뿐이었다.

'아유, 내 팔자야.'

남자가 여자보다 더 많아서 문제

우리나라는 1960년대 중반부터 20년 넘게 진행된 출산 억제 정책으로 출산율이 많이 낮아졌어요. 1960년대에 6명이던 합계출산율이 1990년대에는 1.59명으로 뚝 떨어졌지요. 인구 증가율도 3분의 1 수준으로 떨어졌고요.

연도	1960	1970	1980	1990
총인구(천 명)	25,012	32,241	38,124	42,869
인구 증가율(퍼센트)	3.01	2.21	1.56	0.99
합계출산율(명)	6.0	4.53	2.83	1.59

자료 : 통계청

그런데 뜻밖의 문제가 발생했어요. 출생아를 기준으로 볼 때 여자아이 수보다 남자아이 수가 훨씬 많았던 거예요. 여성 인구 100명에 대한 남성 인구의 수를 '성비'라고 하는데, 1990년대 우리나라 성비가 116.5에 달했거든요. 보통 이 수치는 100에 가까울수록 균형을 이루고 있다고 해요.
그동안 지속적인 출산 억제 정책으로 자녀를 많이 낳지 않는 사회 분위기는 만들어졌지만, 여자아이보다 남자아이를 더 좋아하는 '남아선호사상'이 여전히 남아 있었던 게 그 이유였어요.
꽤 많은 사람들이 이왕 한 명의 자식을 낳을 거라면 딸보다는 아들을 낳기를 원했어요. 그래서 임신을 하면 산부인과에서 초음파 검사를 통해 태아의 성별을 알아내어 여아인 경우 임신 중절 수술을 받기도 했지요. 지금 생각하면 너무 끔찍한 일이지만 당시에는 가능한 일이었답니다.

이렇게 남자아이들이 많이 태어나다 보니 학교에서도 문제가 생겼어요. 보통, 남학생과 여학생이 짝을 지어 앉는데, 남학생이 여학생보다 많다 보니 남학생끼리 짝지어 앉는 상황이 발생한 거지요. 또 이 아이들이 자라 결혼할 나이가 되면 여성 수가 모자라 문제가 될 것이 불을 보듯 뻔했지요.

이에 정부에서는 태아의 성별을 확인하는 행위를 금지하는 조치를 취했어요. 또 1990년대 이후 딸과 아들을 구별하지 않는 분위기로 빠르게 변하면서 출생아 성비는 평균으로 돌아왔답니다.

1990년대

선생님! 착한 일 하면 여자 짝꿍 시켜 주나요
아들 바람 부모 세대 짝꿍 없는 우리 세대

사진 제공 : 인구보건복지협회

아들 좋아하다 뒷목 잡힌 나라들

 중국, 인도, 베트남의 공통점은 뭘까요? 바로 남성이 여성 수보다 많은 '성비 불균형'이 있다는 거예요.
 이 현상의 원인은 뿌리 깊은 '남아선호사상'이에요. 아들이 없다는 것은 자신의 대가 끊기는 것이라는 생각 때문에 아들만 원하다 보니 이런 현상이 생긴 것이지요.

비슷한 문화를 가진 우리나라는 2000년대 이후 남아선호사상이 점차 사라지며 성비가 균형을 되찾은 것과 달리 이들 세 나라는 아직도 진행 중이에요.

중국, 인도, 베트남 모두 태아의 성별을 감별한 후 낙태하는 것을 법으로 금지하고 있어요. 그러나 워낙 남아선호사상이 뿌리 깊어 잘 지켜지지 않고 있어요. 인도의 경우, 불법적인 낙태 수술로 해마다 2천 명의 여자아이가 목숨을 잃을 정도라고 해요.

남아선호사상으로 인한 문제점은 여러 가지가 있어요.

아들을 낳을 때까지 계속해서 출산을 반복하고, 이로 인해 인구가 빠르게 증가하지요. 이 과정에서 여성들이 겪는 스트레스는 말도 못 해요. 아들을 낳으라는 가족들의 압박에 시달리는가 하면, 아들을 낳지 못할 경우 강제로 이혼을 당하기도 하거든요.

가정 내에서도 남녀 차별이 심해 여러 문제가 생겨요. 딸들은 남자 형제에 비해 사랑을 덜 받는 것은 물론이고, 배움의 기회도 적은 편이지요.

경제적으로도 손해랍니다. 많은 여성들이 계속되는 출산으로 경제 활동을 할 기회를 놓쳐 버리니까요.

남성 수가 여성 수보다 많으니 미혼 남성들이 결혼할 여성 배우자를 찾기도 힘들어요. 그래서 인신매매나 납치 같은 무서운 일도 벌어진답니다.

나라	중국	인도	베트남	전 세계 평균
성비	113.5	111	112.8	105
기준 년도	2015	2017	2018	2015

· 5화 ·
외동은 너무 외로워

2009년

띠리리리 띠리리리리~.

마지막 수업이 끝났음을 알리는 종소리가 기분 좋게 울렸다.

"자, 오늘도 열심히 공부하느라 수고들 했어. 내일은 학부모 참관 수업이 있는 날이니까 모두 발표할 내용 잘 준비해 오도록. 준비물도 잊지 말고!"

"네!"

선생님이 앞문으로 나가자 아이들이 우르르 밖으로 몰려 나갔다. 시은이도 냉큼 책가방을 챙겨 들고 복도로 나왔다.

"영주야, 뭐 해? 얼른 안 나오고."

매일 학교에서 집에 가는 길에 함께하는 단짝 친구 영주가 가방도 메지 않은 채 주머니를 뒤적거리고 있었다.

"왜 그래? 뭐 찾아?"

"열쇠를 잃어버렸나 봐. 집에 어떻게 들어가지?"

부모님이 맞벌이를 하고 있어 영주는 집에 가면 혼자 문을 따고 들어가야 한다.

시은이가 다가가서 영주의 어깨를 툭 쳤다.

"어이, 친구. 우리 집에 가면 되지 뭘 그리 고민하나?"

"그래도 돼?"

"그럼! 어차피 우리 둘 다 같은 학원에 갈 거잖아. 그리고 나도 혼자 문 열고 들어가는 거 정말 싫은데 잘 됐다."

그제야 영주의 표정이 가벼워졌다.

시은이도 영주와 마찬가지로 부모님이 맞벌이를 해서 늘 방과 후에 혼자 집에 있었다.

집 앞에 도착하자 시은이가 빠른 속도로 현관문 번호 키를 눌렀다.

"우리 집은 내가 열쇠를 하도 자주 잃어버려서 아예 번호 키로 바꿨어."

영주가 집 안으로 들어가며 말했다.

"불 꺼진 집에 혼자 문 열고 들어가는 거 정말 싫지?"

"당연하지."

시은이가 혼자 집에 있기 시작한 건 3학년 때부터니까 벌써 3년

째다. 그 전에는 근처에 사는 종희 이모네 집에 가 있으면 엄마가 퇴근할 때 데리러 오곤 했었다. 그러니까 유치원 다닐 때부터 초등학교에 입학해서 5학년이 될 때까지 낮에는 시은이를 반겨 줄 엄마가 늘 없었다.

그런데 오늘 친구 영주와 함께 집에 들어오니 절로 신이 났다.

"집에 너랑 같이 들어오니까 너무 좋다."

시은이는 영주를 부엌으로 끌고 갔다.

식탁에 엄마가 준비해 놓은 간식거리가 놓여 있었다.

"우리 같이 간식 먹고 숙제하다가 학원 가자."

"좋아!"

둘은 세상에 둘도 없이 재미있는 놀이라도 하듯 즐겁게 간식을 먹고 방으로 들어갔다.

영주가 시은이의 방에 들어서자마자 눈이 휘둥그레졌다.

"와아, 네 방 완전 바뀌었네? 책상도 못 보던 거고, 피아노도 들여놨구나? 너희 부모님은 네가 갖고 싶은 건 뭐든지 사 주시나 봐. 부럽다!"

시은이는 입술을 툭 내밀었다.

"쳇, 미안하니까 사 주는 거지 뭐. 방만 멋지게 꾸며 주면 뭐 해. 늘 나 혼자인걸. 집에 혼자 들어오는 것도 싫고, 혼자 간식 먹고, 혼자 밥 먹는 것도 싫다고."

그 말에 영주도 같은 마음이라는 듯 고개를 끄덕였다.

"맞아, 나도 너무 쓸쓸해. 언니나 동생이 한 명이라도 있으면 좋을 텐데. 혼자는 너무 외로워."

동생이라는 말에 시은이 목소리가 퉁명스러워졌다.

"우리 부모님은 동생을 낳을 생각이 전혀 없으서. 특히 우리 엄마는 여덟 형제나 되는 집에서 자란 게 늘 콤플렉스였대. 그래서

결혼하면 자식은 꼭 한 명만 낳기로 어렸을 때부터 다짐하셨대. 한 명한테만 사랑을 집중하시겠다나? 아무리 동생을 낳아 달라고 졸라도 소용없어."

영주의 목소리도 불만이 가득했다.

"우리 엄마 아빠도 같은 말씀을 하시더라. 한 명만 키워야 남부럽지 않게 원하는 거 다 해 줄 수 있다고."

"어휴, 우리가 바라는 건 그게 아닌데 어른들은 몰라도 너무 모른다."

"그러게 말이야."

시은이와 영주는 어른들처럼 한숨을 내쉬었다.

갑자기 영주가 물었다.

"참, 내일 학부모 참관 수업 때 발표할 거 준비했어?"

"응."

시은이가 책상 서랍에서 은색으로 빛나는 기다란 칼을 꺼냈다.

"짜잔, 내 칼을 받아랏!"

영주가 칼을 맞고 쓰러지는 척했다.

"윽, 은박지로 만들었군요! 이 칼을 들면 철기 시대 사람으로 보이시겠습니다."

시은이가 킥킥거리며 웃었다.

"영주, 너는 단군왕검이지?"

"응, 왕관을 만들었는데 머리에 쓰면 자꾸 삐뚤어져서 저녁 때 다시 고치려고."

시은이는 내일 참관 수업 때 자신이 발표하는 모습을 보고 부모님이 흐뭇해할 생각에 벌써부터 기대가 됐다.

"흐흐, 내일 수업 엄청 재밌을 것 같아."

그때 알람이 요란하게 울렸다.

"이키, 벌써 학원 갈 시간이 됐네!"

시은이와 영주는 문을 잠그고 아파트 정문으로 나왔다.

"영주야, 집에 같이 있다가 가니까 너무 좋다."

"응, 열쇠 잃어버리길 잘한 것 같아. 킥킥."

정문 앞에서 학원 버스를 기다리는데 한 할머니가 강아지를 데리고 앞을 지나갔다. 하얗고 꼬불거리는 털을 가진 강아지가 너무 앙증맞아 보였다.

영주가 강아지한테서 눈을 떼지 못했다.

"아잉, 나도 강아지 키우고 싶다. 부모님한테 동생 안 낳아 줄 거면 강아지 동생이라도 만들어 달라고 해야겠어."

시은이가 고개를 가로저었다.

"난 결사반대야."

"왜?"

"우리 없는 동안 강아지 혼자 집 지키고 있어야 하잖아. 강아지들이 주인 나가고 나면 하루 종일 현관문만 바라본다더라. 우리가 외롭다고 강아지를 외롭게 만들 순 없어."

영주가 안타까운 표정을 지었다.

"아우, 생각만 해도 마음 아프다. 또 다른 우리를 만드느니 포기하는 게 좋겠어."

그사이 학원 버스가 도착했다.

시은이와 영주는 멀어져 가는 강아지를 아쉬운 듯 바라보며 버스에 올라탔다.

학원 수업을 세 과목 듣고 나니 어느덧 저녁 시간이 되었다. 보통 이때까지 수업을 듣는 아이들은 시은이와 영주처럼 맞벌이 부모를 둔 경우가 많았다. 부모님이 퇴근할 무렵까지 학원을 뺑뺑 돈다고 자기들끼리 뺑뺑이 친구라고 웃픈 이야기를 하기도 했다.

시은이는 아파트 정문에서 영주와 헤어져 집으로 달려왔다. 하지만 부모님은 아직 퇴근 전이었다.

대신 엄마로부터 전화가 왔다.

"엄마가 일이 많아서 좀 늦을 것 같은데 어쩌지? 아빠도 퇴근이 늦을 거래."

이 말은 혼자 저녁을 먹어야 한다는 뜻이다.

"피자 주문해 줘."

"그래, 최대한 빨리 갈 테니 먼저 먹으렴."

최대한 빨리 온다던 엄마와 아빠는 시은이가 피자를 먹고, 세수를 하고, 텔레비전을 보다가 살포시 잠이 들었을 때야 왔다.

"시은아, 방에 들어가서 자야지. 여기서 자면 감기 들어."

시은이는 감기는 눈을 억지로 떴다. 꼭 해야 할 얘기가 있기 때문이었다.

"엄마, 아빠. 내일 학부모 참관 수업 있는 거 알지?"

아빠가 금세 난처한 표정을 지었다.

"알긴 아는데, 아빠가 내일 지방 출장이 잡혔는데 어쩌나?"

그리고 엄마에게 얼굴을 돌리며 대답을 미뤘다.

엄마는 우물쭈물 망설이다가 애매모호하게 대답했다.

"가도록 노력해 볼게."

"안 돼. 노력하지 말고 꼭 와야 해. 다른 아이들 부모님도 다 오실 거래."

시은이는 다음 날 아침 식사 시간에도 엄마한테 한 번 더 신신당부를 했다.

"엄마, 5교시야. 꼭 와야 해."

엄마는 이번에도 애매모호하게 대답했다.

"노력해 볼게."

시은이는 엄마의 대답이 마음에 걸렸지만 그래도 크게 걱정하지 않았다. 전에도 참관 수업 때마다 늘 노력해 본다고 대답했지만 결국은 늦더라도 참석했기 때문이다.

급식을 먹으면서 영주가 물었다.

"너희 부모님, 오늘 오신대?"

"아빠는 출장 가셨고, 엄마는 노력해 보신대."

시은이의 말에 영주가 피식 웃었다.

"너희 엄마랑 우리 엄마랑 짰나 보다. 우리 엄마도 노력해 보신대."

시은이도 피식 웃었다. 직장 다니는 엄마들의 노력해 보겠다는 말이 약속을 못 지켜도 서운해하지 말라는 뜻처럼 느껴졌다.

급식을 먹고 교실로 돌아와 발표할 내용을 들여다보려는데 학부모들이 하나둘 모여들기 시작했다. 아이들이 교실 뒤쪽에 마련된 의자에 앉는 부모님과 눈을 맞추고 손을 흔들었다.

시은이는 학부모들 사이에서 엄마를 찾아봤지만 보이지 않았다. 앞쪽에 앉은 영주도 계속 뒤를 돌아보는 걸 보니 아직 안 오신 모양이었다. 쉬는 시간에 전화라도 걸어 둘 걸 하고 후회했지만 이미 늦어 버렸다.

웅성웅성거리는 가운데 드디어 학부모 참관 수업이 시작되었다.

선생님이 칠판에 오늘 수업의 주제인 '우리 역사의 시작'을 큼지막하게 적었다.

"오늘은 우리 역사가 어떻게 시작되었는지 알아보기로 해요. 우리가 살고 있는 땅에 사람이 살기 시작한 것은 언제부터일까요? 또 어떤 사람들이 어떻게 살았는지 알아볼까요?"

선생님의 질문에 나뭇잎을 엮은 옷을 허리에 두른 아이들 몇 명

이 앞으로 나왔다.

"자기소개를 한 번 해 주시죠?"

"우리는 약 70만 년 전에 한반도에 살았던 구석기 시대 사람입니다. 우리는 돌을 깨트려 짐승을 사냥하고, 동굴에서 여럿이 모여 살았어요."

"산이나 들에 자라는 나무 열매와 식물 등을 채집해서 먹기도 했어요."

구석기 시대 사람들로 분장한 아이들에 이어 신석기 시대, 청동기 시대 사람들이 나와 발표했다. 참관한 학부모들도, 아이들도 옛날 사람들로 분장한 모습에 박수를 치며 웃었지만 시은이는 집중할 수가 없었다. 엄마가 왔는가 싶어 계속 뒤를 돌아보며 확인하는 데만 신경이 곤두서 있었다.

'설마 못 오시는 건 아니겠지?'

그때 청동기 시대 사람들의 발표가 끝나고 철기 시대 사람들 차례가 되었다.

"자, 이번에는 강력한 무기로 청동기 시대 사람들을 물리쳤다는 철기 시대 사람들 나와 주세요!"

시은이는 서랍 속에서 은박지로 만든 철칼을 꺼내 들고 자리에서 일어났다. 갑자기 복도에서 쿵쾅거리는 소리가 들렸다.

'혹시 엄마인가?'

엄마가 맞다면 얼마나 기막힌 타이밍인가 싶었다. 늦게 왔어도

시은이의 발표를 볼 수 있으니 말이다.

　시은이는 기대감을 갖고 뒤돌아봤다. 그러나 교실로 헐레벌떡 들어온 건 엄마가 아니라 영주 엄마였다. 노력해 보겠다고 하셨다더니 정말 노력을 많이 하신 것 같았다. 얼마나 급하게 뛰어왔는지 얼굴에 땀이 가득했다.

　이제 부모님이 안 온 사람은 시은이 혼자뿐이었다.

　'엄마는 정말 노력을 하고 계실까? 아니면 아예 처음부터 안 올 생각이었을까?'

　이런 생각으로 머릿속이 꽉 차 있을 때 영주가 옆구리를 찔렀다.

　"시은아, 뭐 해? 네 차례잖아."

　"어? 나?"

　시은이가 자기 순서를 까먹고 우물쭈물하자 아이들이 낄낄거리며 웃었다.

　"이시은, 쟤 긴장해서 까먹었나 봐."

　시은이는 그제야 정신을 차리고 준비해 온 은박지 철칼을 앞으로 휘두르며 말했다.

　"철기 시대는 철로 여러 가지 도구를 만들어 사용했던 시기예요. 철은 재료를 구하기도 쉽고 아주 단단해서 무기나 농기구로 만들어 사용했어요."

　준비한 발표는 무사히 마쳤지만 참관 수업이 끝날 때까지 엄마는 끝내 오지 않았다.

책가방을 챙기는데 영주가 다가왔다.

"너무 속상해하지 마."

"어, 괜찮아. 바빠서 못 오실 것 같다고 했거든."

대답은 그렇게 했지만 얼굴이 화끈거렸다. 자기만 사랑받지 못하는 것 같아 부끄러웠다.

"미안해. 오늘은 나 먼저 갈게."

시은이는 늘 같이 집에 가던 영주를 뿌리치고 혼자 교실을 나왔다. 수업 시간에 꺼 놨던 휴대폰을 켜니 엄마에게서 문자 메시지가 여러 개 와 있었다. 회사에 사정이 생겨 못 온다는 내용이었다.

그때 전화벨이 울렸다. 엄마였다. 도저히 받고 싶은 기분이 들지 않아 휴대폰을 아예 꺼 버렸다. 그리고 집으로 가서 방 안에 틀어박혀 꼼짝하지 않았다.

창문으로 어스름 해가 지는 게 보였다. 엄마가 퇴근할 시간이 되었다.

삐리릭—.

현관문 열리는 소리가 들렸다. 시은이는 후다닥 방문을 걸어 잠갔다.

"시은아! 시은아!"

엄마가 집으로 들어오며 이름을 불렀지만 시은이는 대답하지 않았다.

방문을 두드려도 대꾸하지 않았다.

"시은아, 문 좀 열어 봐. 엄마가 참관 수업에 못 가서 미안한데, 그렇다고 전화를 꺼 놓으면 어떡해. 엄마가 얼마나 걱정했는지 알아?"

엄마가 걱정했다는 말에 시은이는 벌컥 화가 났다.

"걱정했다면서 이제 집에 와? 엄마는 나보다 회사 일이 더 중요한 사람이잖아."

"그렇지 않아. 하지만 회사는 여러 사람과의 약속이기 때문에 어쩔 수가 없었어. 엄마가 회사 다니는 게 다 너를 잘 키우기 위해서 잖니. 엄마를 좀 이해해 주면 안 될까?"

시은이는 어이가 없었다.

"엄마가 회사 다니는 게 왜 날 위한 거야? 엄마를 위한 거잖아. 회사에서 인정받고, 승진하고, 돈도 벌고."

"그게 바로 널 위한 거지. 좀 더 나은 환경에서 네가 입고 싶은 것, 먹고 싶은 것, 배우고 싶은 것들을 맘껏 해 주고 싶어서."

"그런 거 해 주면 뭐 해? 만날 나 혼자 밥 먹고, 혼자 숙제하고, 혼자 놀고, 혼자 학원 가야 하잖아. 나도 학교 다녀오면 집에서 문 열어 주는 엄마가 있었으면 좋겠어. 학부모 참관 수업 때, 운동회 때, 학예회 때 꼬박꼬박 오는 엄마가 있었으면 좋겠어. 옆에 앉아 같이 책도 읽고, 숙제도 봐주는 엄마가 있었으면 좋겠다고. 이렇게 회사 일로 바쁠 거면 왜 나를 낳았는지 모르겠어. 엄마는 나보다 일이 더 중요한 거지? 그렇지? 그래서 동생도 낳지 않는 거지? 나

혼자 외롭든 쓸쓸하든 상관없는 거지?"

시은이는 그동안 가슴에 쌓아 두었던 불만을 터트렸다.

엄마는 시은이의 불만을 듣기만 할 뿐 아무 대답도 없었다.

시은이는 그날 저녁 기어이 방에서 나오지 않았다.

시은이는 골이 퉁퉁 난 상태로 잠들었다가 알람 소리에 일어났다. 학교에 가기 위해 어쩔 수 없이 방문을 열고 나왔지만 입은 굳게 다문 상태였다. 엄마와 식탁에 마주 앉아서도 말 한마디 나누지 않았다. 밥도 먹는 둥 마는 둥 했다.

'치, 내가 화냈다고 엄마도 말 안 하는 것 봐.'

슬쩍 곁눈질로 보니 엄마 얼굴도 퉁퉁 부어 있었다.

시은이는 모른 체하고 평소보다 일찍 집을 나와 학교로 갔다.

"너, 왜 이렇게 일찍 왔어?"

부모님의 이른 출근 시간 때문에 학교에 늘 일찍 오는 영주는 자기보다 먼저 와 있는 시은이를 보고는 눈이 동그래졌다.

여전히 기분이 풀리지 않은 시은이가 건성으로 대답했다.

"어, 오늘 좀 일찍 일어났어."

하지만 매일같이 붙어 다니는 영주가 평소와는 다른 분위기를 눈치 못 챌 리 없었다.

"얼굴이 퉁퉁 부었네?"

영주가 시은이의 얼굴을 빤히 쳐다보며 물었다.

"어젯밤에 라면 먹고 자서 그래."

"아닌 것 같은데? 너 밤새 울었지? 그렇지?"

시은이는 대답 대신 고개를 끄덕였다.

영주가 걱정스레 바라봤다.

"왜 울었는데? 속상한 일 있었구나?"

"……."

고맙게도 영주는 더 이상 캐묻지 않았다.

수업이 끝나자 시은이는 터덜터덜 집으로 갔다.

삐삐삐삐 삐삐삐삐

시은이는 언제나처럼 번호 키를 누르고 문을 열어 텅 빈 집으로 들어왔다. 가방을 내려놓고 물을 마시러 냉장고 앞으로 가는데 식탁에 샌드위치가 놓여 있었다. 학교에 다녀와서 학원에 가기 전에 먹을 간식이었다. 어제 일로 기분이 몹시 안 좋았을 텐데, 그 와중에도 엄마는 간식을 챙겨 놓고 출근한 모양이었다.

시은이는 샌드위치를 입에 물고 컴퓨터를 켰다. 그런데 황말희 님으로부터 이메일 한 통이 와 있었다. 황말희 님은 시은이의 엄마였다.

시은이는 긴장된 마음으로 이메일을 열어 보았다.

✉ 시은아, 어제 한숨도 못 잤지? 아침에 눈이 퉁퉁 부은 걸 보니 그런 것 같더구나.

엄마도 어젯밤 잠을 이룰 수가 없었어. 이제 겨우 열두 살이 된 너에게서 외롭고 쓸쓸하다는 말을 듣게 될 줄이야. 그동안 네가 얼마나 힘들었을지 이제야 알게 되어 얼마나 놀랍고, 안타깝고, 미안했는지 모른단다. 널 그렇게 만든 엄마 자신이 어찌나 원망스럽던지….

사실 엄마는 두 마리 토끼를 잡으려 했단다.

그게 무슨 말이냐고?

너도 잘 알듯이 엄마는 여덟 형제 중 여섯째로 태어났잖니? 엄마는 형제자매 많은 게 너무 싫었어. 모든 걸 나눠야만 했거든. 온전히 내 것이 없었단다. 더구나 엄마 자신이 막내 삼촌을 위해 태어난 불필요한 딸이 아닐까란 생각에 많이 괴로웠었어. 그래서 결혼하면 아들딸 구별 말고 무조건 한 명만 낳아 잘 기르며 좋은 엄마가 되기로 다짐했었지.

또 한 가지는 인간 황말희의 인생을 지키자는 목표였어. 외할머니처럼 모든 인생을 자식들에게 쏟아붓고 싶지 않았거든. 외할머니는 증조할머니부터 시부모님, 시누이, 시동생 네 명에 자식 여덟 명을 돌보느라 소설가가 되고 싶었던 꿈을 아예 포기하고 사셨어. 외할머니가 가족들에게 헌신하는 모습을 보면 존경스럽기도 했지만, 엄마는 그렇게 살기 싫었단다. 결혼해서 자식을 낳더라도 인간 황말희의 인생을 포기하지 말자고 다짐했지.

'엄마 역할도, 황말희의 역할도 모두 잘 해내자!'

그렇게 두 마리 토끼를 잡으려고 욕심내다가 그만 좋은 엄마도 못 되고 너한테 상처를 주고 말았네.

앞으로 힘든 일 있으면 바로바로 얘기해 줘. 우리 서로 맞춰 나가자. 엄마가 열심히 노력할게.

그리고 엄마를 좀 이해해 주겠니? 엄마도 엄마 역할이 처음이라서 실수도 많고 서툴단다.

- 서툴지만 시은이를 누구보다 사랑하는 엄마가

이메일을 읽고 난 시은이는 한동안 먹먹한 느낌이 들었다.

사실 그동안 시은이는 엄마가 다른 엄마들에 비해 이기적이라는 생각을 했었다. 엄마는 일과 가정이 똑같이 소중하다고 말하지만 언제나 회사 일을 우선으로 두는 것 같았기 때문이다. 그래서 자식도 자기 하나만 낳은 게 아닐까, 일이 더 중요하면 아예 낳지 말았어야 하지 않나, 하고 원망하기도 했었다.

하지만 이메일을 보니 엄마의 마음을 조금은 이해할 것 같았다.

'엄마도 엄마 인생이 있는 건데 왜 한 번도 그 생각을 못 했을까? 엄마에게 내 엄마로만 살아 달라고 강요했던 것은 아닐까? 엄마는 이시은의 엄마로, 인간 황말희로 너무나도 열심히 살아왔는데…….'

엄마 자신에게나, 딸 시은이에게나 서투르지만 최선을 다하려는 엄마의 노력을 너무 몰라준 것 같아 미안한 마음이 들었다. 지금 자기가 누리는 모든 것들이 부모님이 고생한 덕분인데 자기를 방치한다고만 생각한 것도 미안할 뿐이었다.

시은이는 키보드에 손을 올리고 답장을 쓰기 시작했다.

✉ 엄마! 시은이에요.

저도 아침에 엄마의 퉁퉁 부은 눈을 보고 하루 종일 마음이 안 좋았어요. 그런데 이렇게 먼저 편지 보내 주셔서 고마워요. 엄마의 마음을 다 헤아릴 순 없겠지만 조금은 이해할 것 같아요. 엄마로서의 인생 못지않게 황말희 씨의 인생이 있다는 것도 존중합니다.

그리고 저도 딸 역할이 처음이라 서툰 게 많아요. 제 입장만 생각하고 오해하며 투정부렸어요.

우리 앞으로 노력하다 보면 언젠가는 완벽한 엄마와 딸이 될 수 있겠지요?

- 엄마보다 딸 역할이 더 서툰 이시은 올림

출산 억제 정책에서 출산 장려 정책으로

2000년대로 들어서면서 우리나라의 인구 정책은 크게 변화했어요. 수십 년간 추진해 오던 '출산 억제 정책'에서 '출산 장려 정책'으로 바뀐 거예요. 왜 갑자기 인구 정책이 180도 바뀌게 된 걸까요?

1990년, 우리나라의 출산율은 1.59명으로 비교적 안정적이었어요. 그런데 1997년 IMF외환위기를 겪으며 경제가 악화되자 출산율이 빠르게 감소했어요. 1990년대 말에 1.5명 아래로 떨어졌고, 급기야 2005년에는 세계에서 가장 낮은 출산율인 1.08명을 기록했답니다.

이렇게 출산율이 낮아진 데에는 여러 가지 이유가 있어요. 우선 결혼과 출산에 대한 가치관이 변했기 때문이에요.

예전에는 결혼은 반드시 해야 하고, 자식도 꼭 낳아야 한다는 생각을 했어요. 그런데 점차 결혼은 할 수도 있고 안

세계 합계출산율 순위
※2016년 224개국 기준 추정치

국가	합계출산율
니제르	6.62명(1위)
이스라엘	2.66명(73위) OECD 1위
북한	1.96명(125위)
미국	1.87명(142위)
중국	1.60명(182위)
일본	1.41명(210위)
한국	1.25명(220위) OECD 최하위
싱가포르	0.82명(224위) 전체 최하위

*합계출산율 : 여자 한 명이 평생 낳을 것으로 예상되는 평균 자녀 수
자료 : 미국 중앙정보국

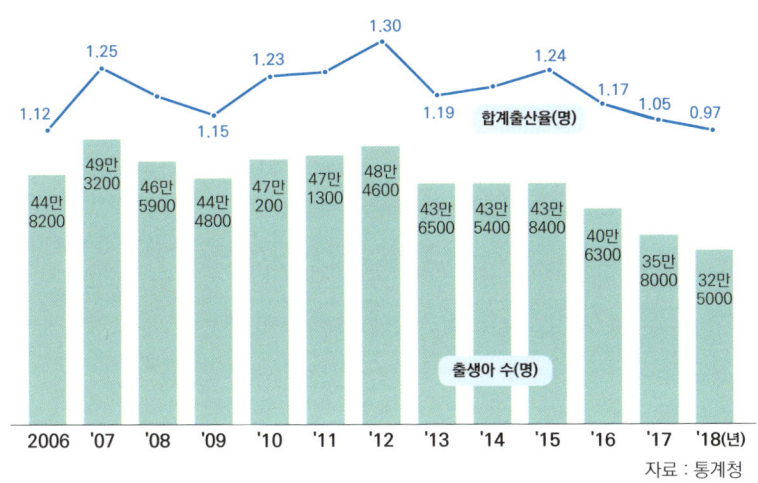

연도별 출생아 수와 합계출산율

자료: 통계청

할 수도 있는 선택 사항이며, 자식 역시 반드시 낳아야 되는 건 아니라는 생각으로 바뀌고 있어요. 그러다 보니 결혼하는 나이가 점차 늦어지고, 결혼을 안 하는 경우도 많아요. 게다가 자식을 낳더라도 한 명 정도만 낳거나, 아예 안 낳기도 하지요.

더구나 여성들의 사회 진출이 활발해져 결혼 후에도 직장을 다니는 경우가 많은데, 직장 일을 하며 아이를 낳아 키우는 게 어렵다는 점도 출산율을 떨어뜨리는 큰 요인이 되고 있답니다.

이에 정부에서는 2006년부터 출산 장려금이나 자녀 양육비를 지원하는 등 다양한 출산 장려 정책을 계속 펼치고 있어요. 그러나 이런 노력에도 불구하고 출산율은 갈수록 떨어져서 2018년에는 합계출산율이 0.97명에 그쳤어요.

세 집 건너 한 명씩 외동아이

　출산율이 낮아지면서 가장 눈에 띄는 현상은 남자아이든 여자아이든 외동아이가 크게 늘어났다는 거예요. 자식을 많이 낳던 1980년대까지만 해도 외동아이가 무척 드물었어요. 그러나 이제는 거의 세 집당 한 명꼴로 외동아이를 볼 수 있게 되었어요. 유치원에 다니는 아이들의 절반 이상이 외동아이일 정도라니 얼마나 출산율이 낮아졌는지 실감되지요?

이렇게 외동아이가 늘어나면서 신문에는 모 백화점에서 파는 값비싼 수입 명품 유모차가 순식간에 매진되었다든가, 고가의 교육용 장난감이나 친환경 어린이 의류 등이 불티나게 팔린다는 등의 내용을 다룬 기사들이 종종 실리며 화제를 모았어요. 자식이 하나뿐이니까 이왕이면 좋은 걸 해 주며 최고로 키우자는 부모들의 마음에서 비롯된 일들이지요. 그래서 최근에는 부모의 아낌없는 투자로 왕자나 공주처럼 귀하게 자라는 외동아이를 뜻하는 '골드 키즈'라는 신조어도 생겨났어요.

　그럼 외동아이들은 사랑을 독차지하기 때문에 무조건 행복하기만 할까요? 하나뿐인 자식이 특별하게 자라기를 바라는 부모의 기대는 부담스럽고, 함께 의논하고 경쟁하며 자랄 형제가 없는 데서 오는 외로움은 클 거예요. 그건 어떤 값비싼 물건으로도 충족되기 어렵지 않을까요?

2000년대 이후

하나는 외롭습니다
자녀에게 가장 좋은 선물은 동생입니다
자녀에게 물려줄 최고의 유산은 형제입니다

사진 제공 : 인구보건복지협회

· 6화 ·

우리 학교가 사라진대요!

2017년

신학기가 시작된 지 얼마 지나지 않은 3월 20일, 경기도의 소도시에 위치한 호랑초등학교는 하루 종일 긴장감이 감돌았다. 그중에서도 마지막 학년을 보내는 6학년 학생들은 진즉 수업이 끝났는데도 집에 돌아가지 않고 교실에 남아 있었다.

"설마 최악의 결정은 나지 않겠지?"

"너무 기대하지 마. 이번 년도 신입생이 몇 명인지 알잖아."

그 말에 모두 입을 다물었다.

지금 6학년 열한 명 학생이 목이 빠지게 기다리는 건 호랑초등학교의 폐교에 관한 결정 소식이었다.

호랑초등학교는 원래 호랑리에 있었는데, 15년 전에 호랑리 근처에 새로 생긴 이곳 신도시로 이사를 왔다. 호랑리에 아이들이 급격히 줄어들면서 아파트 단지가 몰려 있는 이곳으로 이전한 것이다. 그러나 다시 몇 년 전부터 학생 수가 급격히 줄어들면서 폐교 이야기가 오갔다. 전체 정원이 500명인데 1학년부터 6학년까지 전교생 수가 겨우 62명에 불과했으니 그럴 만했다. 게다가 해마다 입학생 수가 줄어들었고, 특히 올해 신입생 수는 겨우 다섯 명뿐!

아이들은 농담으로 학교가 아니라 과외 하는 학원 같다는 말을 할 정도였다.

기현이는 긍정적으로 생각하고 싶었다.

"우리 학교가 시골 분교도 아니고, 섬마을에 있는 학교도 아니고, 수도권 도시에 있는 학교인데 설마 폐교를 시키겠어?"

철현이는 고개를 설레설레 저었다.

"그건 모르는 일이야. 우리 사촌 형이 다니는 중학교는 도심 한가운데 있는데도 폐교됐던걸?"

"왜?"

"형이 사는 동네 근처에 대규모 아파트 단지가 생겼는데 거기에 중학생이 몰려 있다고 새 학교를 지었대. 그러면서 주변에 학생 수가 적은 몇 개 중학교를 없애고 하나로 합쳤대."

철현이의 말에 아이들이 몸을 으스스 떨었다.

"그 얘기 들으니까 겁난다."

기현이는 그래도 희망을 버리고 싶지 않았다. 이제 졸업을 1년 남겨 두고 있는데 학교가 사라지는 일은 생각하고 싶지 않았다.

그때 선생님이 교실로 들어왔다.

"역시 안 가고 모여 있었구나. 너희들이 기다리고 있을 것 같아서 와 봤어."

아이들이 우르르 선생님에게 몰려가며 물었다.

"어떻게 됐나요?"

"설마 폐교는 아니겠지요?"

아이들의 잇따른 물음에 선생님이 착잡한 표정을 지었다.

"아쉽게도……, 폐교 결정이 내려졌단다."

교실에 침묵이 흘렀다. 기현이도, 철현이도, 모두들 무슨 말을 해야 할지 말문이 막혔다.

아이들을 보는 선생님의 눈에 걱정이 가득했다.

"많이 실망한 눈치구나. 학생 수가 너무 적어서 어쩔 수 없는 결정이었대. 현재 우리 동네에서 내년에 신입생으로 들어올 학생 수도 손에 꼽을 정도라지 뭐니."

철현이가 아이들이 가장 궁금해하는 걸 물어봤다.

"저희는 앞으로 어떻게 되나요?"

"집과 가까운 학교로 전학을 가게 될 거야. 하지만 폐교 결정이 났다고 해서 당장 내일 문을 닫는 건 아니니 너무 걱정하지 마. 아마 현재 6학년인 너희들 졸업 때까지는 학교를 유지하게 될 거야."

"그럼 저희가 호랑초등학교의 마지막 졸업생이 되겠네요?"

"아마도."

기현이는 뭐라 설명할 수 없는 기분이 들었다. 호랑초등학교 졸업장을 받고 졸업하게 되니 다행이라고 여겨야 하는 건지.

선생님이 기현이에게 물었다.

"기현아, 너희 가족은 거의 다 우리 학교 졸업생이라고 했었지?"

"네, 할아버지부터 아빠, 고모들 전부 호랑초등학교를 다니셨어요. 할아버지는 이 학교에서 수십 년간 학생들을 가르치셨고요."

"폐교 소식을 들으면 가족들 충격이 크겠구나."

예상대로였다. 호랑초등학교 73회 졸업생인 아빠 황귀성 씨는 폐교 소식을 듣자마자 한동안 무거운 표정을 지었다.

"기어이 그런 결정이 났구나."

그러고는 근처에 사는 넷째 영희 고모에게 전화를 걸었다.

영희 고모는 폐교라는 말을 듣자마자 버럭 소리를 질렀다.

"말도 안 돼!"

고모 목소리가 전화기를 뚫고 나올 것만 같았다.

"폐교라니! 호랑리에 아이들이 없다고 신도시로 이전한지 얼마나 됐다고! 그리고 누구 맘대로 폐교를 결정해?"

기현이는 씩씩거리는 고모가 당황스러웠다. 학교를 졸업한 지 벌써 수십 년이 지났는데도 그 소식이 그렇게 놀라울까? 하는 마음이 들었다. 그러나 고모와 아빠의 대화에 의문은 금세 풀렸다.

"학교가 없어진다는 건 초등학교 시절의 소중한 추억이 송두리째 없어지는 일이야. 호랑초등학교를 졸업한 그 많은 학생들의 추억을 빼앗아 가는 거라고."

"누님, 나도 같은 생각이에요. 더구나 100여 년 가까이 이어져 온 학교의 전통과 역사는 어쩌고요. 아무리 빠르게 변하는 세상이라고 해도 그런 것들마저 순식간에 지워 버릴 수는 없지요."

기현이는 선생님한테 폐교 소식을 듣고 놀라기는 했지만 그리 충격적이지는 않았다. 오래전부터 폐교하네, 주변 학교와 통폐합을 하네, 하는 소문이 돌았었기에 폐교되어도 별수 없는 일이라고 생각했었다. 학교가 문을 닫아도 다른 학교로 전학 가면 되겠지 했었다. 그런데 아빠와 고모의 대화를 듣고 보니 덤덤했던 마음이 흔들렸다.

'학교가 없어진다는 게 단지 학교 건물과 이름만 없어지는 게 아니었구나. 내 소중한 초등학교 시절의 추억이 사라지는 거였어.'

폐교 결정으로 학교가 어수선한 가운데 첫 학급회의 시간이 되었다.

반장이 교탁 앞으로 나가 회의를 시작했다.

"오늘 학급회의에서 나눌 안건을 얘기해 보자."

원래 학기 초 학급회의 시간에는 대개 학급 규칙 정하기라든지, 교실 환경 가꾸기 같은 안건으로 회의를 했었다. 그러나 오늘은 아무도 안건을 제안하는 아이들이 없었다.

조용한 가운데 철현이가 혼잣말하듯 말했다.

"폐교되는데 학급회의는 해서 뭐 해."

민경이가 맞장구쳤다.

"맞아. 다 없어질 건데 소용없잖아."

진수는 킬킬 웃으며 말했다.

"막 결석해도 되지 않냐? 학교가 없어지면 모든 기록도 사라질 것 아냐."

그 순간, 기현이는 덜컥 겁이 났다. 물론 아이들의 말이 농담인

걸 알지만, 폐교 소식만으로도 이런 말이 오고 간다는 게 당황스러웠다.

'아직 우리는 호랑초등학교 학생이고, 학교가 사라져도 그건 변함없는 사실일 텐데.'

킬킬거리며 웃는 분위기 속에서 기현이가 진지하게 손을 들었다.

"안건이 있어."

반장이 기현이를 바라봤다.

"황기현 발표해."

"안건은 호랑초등학교 폐지에 대한 반대 운동이야."

아이들의 시선이 집중되었다.

기현이는 침을 한 번 삼키고 하려던 말을 마저 했다.

"호랑초등학교에 다니는 학생으로서 학교가 사라지는 걸 두고 볼 수만은 없어. 우리가 다니는 학교니까 우리도 의사를 표현할 권리가 있다고 생각해."

반장이 칠판에 '안건 : 호랑초등학교 폐지에 대한 반대 운동'이라고 적은 다음, 아이들에게 물었다.

"황기현이 낸 안건에 대해 다들 어떻게 생각하는지 의견을 이야기해 줘."

제일 먼저 철현이가 말했다.

"교육청에서 폐교를 결정했는데 우리가 반대 운동을 한다고 해서 그게 무슨 소용이 있을까?"

진수도 부정적인 반응이었다.

"나도 폐교되는 게 싫지만, 반대 운동을 해 봤자 계란으로 바위 치기 아니겠냐?"

민경이는 기현이의 의견에 찬성했다.

"나도 폐교 소식 듣고 이런저런 생각을 해 봤는데 이대로 받아들일 수 없겠더라. 지난 5년 동안 호랑초등학교에 다니며 너희들과 함께 즐거웠는데, 갑자기 다른 학교로 옮겨 새로운 생활에 적응할 생각을 하니 겁이 나더라고."

성훈이도 민경이의 말에 고개를 끄덕였다.

"나도 같은 생각을 했어. 6학년인 내가 이렇게 걱정되는데 아래 학년 동생들은 어떨까? 훨씬 더 힘들 거야."

지연이는 팔짱을 낀 채 아주 못마땅한 표정으로 말했다.

"우리가 만약 근처 학교로 전학 간다고 해도 거리가 멀어서 걸어 다닐 수 없어. 버스를 타야만 하는데 그것도 부담이지 않니? 아마 우리의 모든 생활이 바뀌어 버릴 거야."

잠자코 있던 아이들도 한마디씩 거들었다.

"나도 폐교는 반대야. 학교가 사라지는 건 우리의 학교생활이 사라지는 거잖아."

"솔직히 이 학교에 폐교를 찬성할 사람이 누가 있겠냐? 할 수 없이 따르는 거지."

"그러니까 반대 운동을 하자는 거잖아."

여러 의견들이 웅성거리자 반장이 나섰다.

"잠깐! 지금 폐교에 반대하는 의견들이 많은데 기현이한테 궁금한 게 있어."

기현이가 반장을 바라보며 물었다.

"뭔데? 말해 봐."

"폐교 반대 운동을 하자는 안건을 냈을 때에는 반대 운동을 어떻게 벌일지도 생각해 봤다는 거겠지?"

아이들의 눈동자가 동시에 기현이에게 쏠렸다.

기현이는 요 며칠 생각한 것들을 발표했다.

"나는 우선 폐교 반대 서명 운동을 벌였으면 좋겠어. 재학생들과 학부모, 그리고 졸업생들을 상대로 서명 운동을 벌여 교육청에 제출하는 거야."

철현이가 삐딱한 자세로 앉아 물었다.

"서명 운동은 법적 효력이 없다고 들었는데?"

기현이가 고개를 끄덕이며 대답했다.

"맞아, 나도 그렇게 알고 있어. 하지만 학교가 사라지는 걸 원하지 않는다는 우리의 뜻을 전달하기에는 적당한 방법이라고 생각해. 우리 학교 학생들이랑 학부모님들의 서명을 받고, 동문회에 부탁해서 졸업생들에게도 받는 거야."

이번에는 민경이가 물었다.

"그래도 서명 운동만으로는 부족한 것 같아. 다른 방법은 없을까?"

"한 가지 더 생각해 본 게 있기는 해."

반장이 재촉했다.

"뭔데? 어서 말해 봐."

"지금 우리 학교가 폐교되는 가장 큰 원인이 학생 수가 적은 거잖아. 폐교를 막을 방법은 학생 수를 늘리는 거야."

진수가 어이없다는 표정을 지었다.

"야, 학생 수를 늘리는 방법이 있었다면 일이 이 지경까지 되진 않았겠지."

기현이는 손을 저었다.

"아냐, 방법이 있어. 전학을 오든가, 입학할 연령대의 아이들이 이사를 많이 오게 하면 돼."

진수는 아까보다 더 어이없고 답답해했다.

"황기현, 정신 차려. 그건 우리가 할 수 없는 일이라고."

성훈이도 진수의 말을 거들었다.

"맞아. 그건 우리 힘으로 절대 불가능해."

그러나 기현이는 자신 있게 말했다.

"아니야, 할 수 있어. 우리 학교를 소개하면 돼. 우리 학교가 얼마나 좋은지, 얼마나 다니고 싶은 학교인지 소문이 나면 전학도 오고, 입학도 할 거야."

지연이가 박수를 쳤다.

"그거 좋은 생각이다. 옛날에도 맹자 엄마가 맹자의 교육을 위해 세 번이나 이사했다잖아. 우리 학교가 좋은 학교로 소문나면 충분히 전학 올 수 있어."

삐딱하게 앉아 있던 철현이가 몸을 바로 세웠다.

"그거 확 당기는 아이디어인데?"

진수는 이번에도 답답해했다.

"기현아, 방법이 있으면 뜸 들이지 말고 말해 봐. 어서!"

"우리가 직접 학교를 소개하는 영상을 찍어서 인터넷에 올리는 거야. 우리 학교가 얼마나 전통 있는 곳인지, 얼마나 자랑거리가 많은지, 학생들이 얼마나 학교를 사랑하는지 모든 걸 알리는 거야."

기현이의 제안에 아이들은 벌써부터 어깨에 힘이 들어갔다.

"우리 학교가 학생 수는 적어도 자랑할 게 엄청 많지 않냐? 수학 경시 대회, 전국 미술 대회 이런 거 우리 학교 학생들이 싹 휩쓸었잖아."

"바둑반이랑 영상반이랑 특별 활동 자랑할 것도 널렸지."

"우리 학교 출신으로 훌륭한 일 하는 선배님들도 엄청 많잖아."

"졸업을 앞두고 있는 우리한테도 아주 의미 있는 일일 것 같아."

정신없이 의견을 내는 아이들을 반장이 정리했다.

"자자, 어떤 영상을 찍을지는 차근차근 정하고. 일단 폐교 반대 서명 운동이랑 영상 제작하는 거에 모두 찬성하는 거지?"

"찬성!"

"찬성!"

"대찬성!"

그날부터 6학년들의 주도하에 폐교 반대를 위한 활동이 시작되었다. 글짓기를 잘하는 민경이를 중심으로 여학생들이 모여 폐교를 반대하는 글을 작성해서 온라인 서명 운동을 시작했다. 또 철현이와 진수는 영상에 들어갈 학생들의 폐교 반대 인터뷰를 녹화했다. 성훈이는 영상반에서 활동했던 아이들과 함께 우리 학교의 자랑할 만한 장소나 방과 후 활동 등 학교의 다양한 활동과 행사를 촬영했다.

이 일을 제안한 기현이에게도 중요한 임무가 주어졌다. 바로 호랑초등학교를 졸업한 가족들을 인터뷰하는 것이었다. 하지만 아빠 형제가 워낙 많다 보니 한자리에 모이는 게 쉽지 않았다. 일곱 명의 고모들이 제각각 다른 지역에 살고 있기 때문이었다.

"명절 때도 고모들은 잘 못 오는 편인데 어쩌지?"

기현이는 달력을 뒤적이다 손가락을 튕겼다.

"그래, 이날이야!"

일주일 뒤가 돌아가신 할머니 기일이었다. 고모들도 웬만하면 할머니 기일에는 모두 참석하니까 그날 인터뷰를 하면 될 것 같았다.

그러나 걱정이 된 기현이는 고모들에게 일일이 전화를 걸었다.

"호랑초등학교 후배로서 선배님께 부탁드립니다. 할머니 기일에 꼭 참석해서 제사도 지내고, 호랑초등학교 폐지를 반대하는 한 말씀 부탁드립니다!"

햇살이 좋은 4월 둘째 주 토요일. 기현이는 아침 일찍 부모님과 함께 할아버지가 계신 호랑리의 종택(종가가 대대로 사용하는 집)으로 갔다. 할아버지는 할머니가 돌아가신 후에도 혼자 호랑리 종택을 지키고 계셨다.

기현이의 전화 덕분인지 일곱 명의 고모들이 모두 참석했다. 쓸쓸하던 종택이 오랜만에 북적북적했다.

날이 어스름해질 무렵 제사를 마치자 화제는 단연 호랑초등학교 폐교 소식으로 옮아갔다. 올해 여든 넷이 된 할아버지를 비롯해 일곱 명의 고모와 막내인 아버지가 모두 호랑초등학교 졸업생이었다.

아빠의 여덟 형제 중 맏이인 복희 고모가 방 안에 가득 모인 식구들을 보고 웃었다.

"아이고, 동문회가 따로 없네. 선배님, 후배님들 반갑습니다."

그러나 반가운 웃음도 금방 멈추었다.

"그나저나 학교 문을 닫다니 이게 무슨 날벼락이라니? 소식 듣고 얼마나 놀랐는지 몰라."

아빠가 근심 가득한 목소리로 대답했다.

"아이들이 너무 줄어서 그렇다네요. 학교를 이끌어 갈 수 없을

정도로."

둘째 숙희 고모가 한숨을 쉬었다.

"에구, 우리 때는 교실이 터져 나갈 정도로 학생이 많았었는데 왜 이렇게까지 된 거람."

할아버지가 고모들과 아빠를 흘겨보았다.

"너희들이 자식을 낳지 않으니까 그렇지. 하나둘이 뭐냐?"

자식을 여덟이나 낳았던 할아버지로서는 그런 말씀을 하실 만했다. 큰고모와 둘째 고모만 둘씩 낳았고, 나머지 고모들과 아빠는 한 명만 낳았기 때문이다. 심지어 막내 종희 고모는 결혼한 지 십 년이 지났지만 아예 자식을 낳지 않았다.

넷째 영희 고모가 볼멘소리를 했다.

"아버지, 그게 뭐 우리 탓인가요? 나라에서 인구 조절한다고 '둘만 낳아 잘 기르자', '둘도 많다. 하나만 낳아 잘 기르자'고 그랬잖아요. 그러더니 이제는 다둥이를 권하는 사회네요."

화살은 자연스럽게 막내 고모에게 날아갔다.

"그나저나 종희 너는 결혼한 지 십 년이 넘었는데 자식 안 낳을 작정이니?"

"제가 아직도 철부지인데 무슨 아이를 낳아 기르겠어요. 또 경제적으로도 아직 준비가 안 되었고요."

고모들은 종희 고모의 사정을 이해한다는 듯 고개를 끄덕끄덕했다.

"하긴 자식 낳아 키우기가 여간 힘든 일이 아니니 강요할 수야 없지. 하지만 학교가 문을 닫을 정도로 어린아이들이 적으니 큰일도 이런 큰일이 없네."

"인구가 줄고 있다는 말을 들었어도 별 생각이 없었는데, 우리가 다녔던 학교가 문을 닫는다고 하니 피부에 확 와 닿더라."

하지만 어린 시절 형제가 많아 힘들었었다는 여섯째 말희 고모는 냉정하게 말했다.

"그래도 어쩌겠어요. 무턱대고 계획도 없이 자식을 낳을 수도 없는 것이고, 학생이 없으면 학교를 정리하는 것도 어쩔 수 없지 않겠어요?"

이 역시 맞는 말이었다.

그런데 할아버지가 벌컥 화를 냈다. 여든이 넘은 연세인데도 목소리가 꼬장꼬장했다.

"그건 안 될 말이지. 학교가 무슨 동네 공부방인 줄 아는 게냐? 학교는 아이들의 역사가 담긴 곳이야. 그렇게 간단히 정리하고 없앨 수 있는 게 아니라고."

할아버지의 노한 목소리에 고모들이 입을 다물었다.

할아버지는 호랑초등학교가 호랑소학교로 불렸던 일제 강점기 때 입학해서 국민학교로 바뀌는 걸 겪었고, 졸업 후 어른이 되어서는 호랑국민학교 선생님으로 일하다가 초등학교로 바뀌는 걸 보고 퇴직했다. 누구보다 폐교 소식에 가슴 아파하실 것을 알기에 아무도 대꾸하지 못했다.

"호랑초등학교는 그냥 학교가 아니야. 일제 강점기의 그 모진 핍박 속에서도 우리 어린이들한테 민족의 얼을 심어 주기 위해 얼마나 노력했는지 몰라. 6·25전쟁 때도 교육을 멈추지 않기 위해 가마니를 깔고 가르쳤다고! 그렇게 힘든 세월을 견디며 이어 온 학교를 없앤다는 게 말이 되냐고. 안 되지, 안 되고말고!"

폐교 소식에 흥분했었던 영희 고모가 할아버지 손을 잡았다.

"아버지, 걱정 마세요. 졸업생들이 모여서 학교 폐지를 막기 위한 방법을 논의 중이에요. 절대 우리의 소중한 학교를 사라지게 하지는 않을 거예요."

기현이도 할아버지 곁에 바싹 다가앉았다.

"할아버지, 저희도 학교 지키기에 나섰어요."

"그래?"

그제야 할아버지의 노한 기가 수그러들었다.

기현이는 자리에서 일어나 할아버지와 고모들에게, 아니 까마득한 선배님들에게 정중하게 부탁했다.

"호랑초등학교 선배님들! 저희가 '호랑초등학교를 지켜 주세요'라는 영상을 만들어 온라인에 띄우려고 해요. 이 영상을 널리 퍼뜨려 폐교 반대 운동을 확산시키고, 우리 학교를 알리려고요. 졸업생의 입장에서 호랑초등학교는 어떤 의미를 가지고 있는지 한 말씀씩 부탁드리겠습니다!"

기현이는 영상 카메라를 틀고 할아버지에게 다가갔다.

할아버지는 옛일을 떠올리듯 한참 동안 눈을 감았다.

"호랑초등학교가 나한테 어떤 의미를 가지고 있느냐고? 그래, 그거지."

할아버지는 마음을 정리한 듯 눈을 떴다.

"내가 학교에 다닐 때는 일제가 식민지 교육을 시킬 때라서 조선어 교육을 금지시켰었지. 그때 선생님들이 일본의 감시를 피해 몰래몰래 우리글과 우리 역사를 가르쳐 주셨어. 만약 그 시간이 없었다면 나는 우리나라의 소중함을 느끼지 못했을 거야. 나한테 호랑초등학교는 민족이고 겨레란다."

이번에는 맏이인 복희 고모에게 카메라를 돌렸다. 복희 고모는 말을 시작하기 전부터 눈시울이 그렁그렁했다.

"내가 다닐 때 호랑초등학교는 호랑국민학교로 불렸어. 우리 반은 한 반에 60명이 넘을 정도로 학생 수가 많았고, 교실이 모자라서 오전, 오후반으로 나뉘어 수업을 들어야 할 정도였지. 화장실도 냄새나는 재래식 변소였고, 난방도 되지 않아 추웠지만 그 모든 게 그냥 재밌고 행복했었어. 그리고 오랜 세월이 지난 이 순간에도 호랑초등학교를 다녔던 6년을 생각하면 마냥 행복해. 나에게 호랑초등학교는 행복이거든."

복희 고모의 말에 모두들 눈을 감고 행복한 표정을 지었다.

말희 고모는 손을 가슴에 얹으며 말했다.

"호랑초등학교는 나에게 치유의 공간이었어. 형제자매가 너무 많아 사랑을 못 받는다고 생각했던 나는 속상한 일이 생기거나 울고 싶을 때면 늘 학교로 달려갔거든. 그곳에서 선생님한테 속상한 일들을 털어놓거나, 혹은 운동장에 남아 있던 아이들과 어울려 놀다 보면 나는 언제 속상했었나 하는 얼굴로 집으로 돌아가곤 했었지. 어른이 된 지금도 학교 다닐 때 추억을 생각하면 모든 복잡한 일을 잊게 되니 말이야."

이날 기현이가 찍은 영상은 철현, 진수, 성훈 등이 찍은 학교 자랑 영상과 함께 편집되어 인터넷에 올려졌다. 그리고 호랑초등학교 폐교 반대 서명 운동도 재학생은 물론 학부모, 졸업생들까지 적극적으로 참여하며 만 명이 넘어섰다.

그사이 영희 고모가 중심이 된 동문회에서는 '내 아이 보내고 싶은 학교 만들기'라는 이름의 프로젝트를 진행했다. 비어 있는 교실은 놀이방과 학습 공간으로 꾸며져 방과 후에도 학생들이 마음껏 학교에서 시간을 보낼 수 있게 되었고, 졸업생과 학부모들은 재능 기부를 통해 무료 방과 후 교실을 지속적으로 열기로 했다. 또 교장 선생님을 비롯한 선생님들은 폐교를 막고, 호랑초등학교의 전통을 이어 가기 위해 동분서주했다. 하지만 이런 노력들이 폐교 결정 취소로 이어질지는 아무도 장담할 수 없었다.

요새 기현이네 반 아이들은 컴퓨터실에 모여 '호랑초등학교를 지켜 주세요' 동영상에 달린 댓글을 보는 게 하루의 중요한 일과가 되었다.

기현이가 새로 달린 댓글을 소리 내어 읽었다.

"호랑초등학교 학생들, 파이팅! 꼭 학교를 지키길 바라!"

"얘들아, 나 내년에 너희 학교로 전학 갈지도 모른다. 기다려라~."

"우리 학교도 신입생이 적어서 위험해. 너희들이 전학 오면 안 되겠냐?"

댓글을 듣던 아이들이 소리 질렀다.

"말도 안 돼. 지금 한 명의 학생이 아쉬운데 누구더러 전학을 오라고 하냐?"

"야, 그 녀석 댓글에 댓글 좀 달아 줘라. 오라고 하지 말고 네가 오라고."

그 말에 기현이가 킬킬거리며 키보드에 손가락을 올렸다.

"좋아, 그렇게 써 주겠어!"

그때 컴퓨터실로 담임 선생님이 헐레벌떡 달려왔다.

그리고 숨찬 목소리로 말했다.

"얘, 얘들아. 기, 기쁜 소식이야."

아이들이 자리에서 일어나 선생님을 바라봤다.

"기쁜 소식이라면……?"

"교육청에서 우리 학교 폐지에 대해 다시 논의하기로 했대. 극성스런 너희들 때문에 말이야!"

그 순간 컴퓨터실에는 환호성이 울려 퍼졌다.

"야호!"

문을 닫는 학교들

여러분은 콩나물시루를 본 적이 있나요? 바닥에 구멍이 숭숭 뚫린 둥근 항아리를 '시루'라고 해요. 그 시루에 콩을 넣고 물을 주면 콩이 싹을 틔우며 시루가 터질 지경으로 빽빽하게 자라요.

왜 갑자기 콩나물시루 얘기를 꺼내느냐고요? 예전에는 한 교실에 70~90명씩 되는 학생들이 시루에 든 콩나물처럼 빽빽하게 들어앉아 수업을 받았거든요. 게다가 그런 교실이 한 학년에 열 반이 훌쩍 넘을 정도로 학생 수가 정말 많았지요. 그래서 '콩나물시루 같은 교실'이라는 표현까지 생겨났어요.

그런데 요즘은 어떤가요? 많아야 한 반에 스무 명 남짓이고, 그보다 훨씬 적은 인원인 반도 많지요. 저출산이 오랜 기간 지속되면서 학령 아동(초등학교에 입학해야 하는 나이가 된 아동)의 수가 크게 줄어들고 있기 때문이에요.

학령 아동의 감소로 학교는 큰 위기를 맞고 있어요. 학생 수가 적으니 빈 교실이 남아돌기도 하고, 신학기가 시작되는 3월에 신입생이 한 명도 없어서 입학식을 치르지 못하는 경우도 있으니 말이에요.

젊은 부부가 많지 않은 농어촌이나 시골 산골에 있는 학교는 이미 폐교한 곳도 많아요. 고령자들이 많은 경상북도나 전라남도는 수백 개의 학교가 문을 닫거나 여러 학교가 하나로 통폐합되었어요.

인구가 몰려 있는 대도시도 예외는 아니랍니다. 지난 2014년 서울에서도 학생 수 부족으로 통폐합된 학교가 등장했지요.

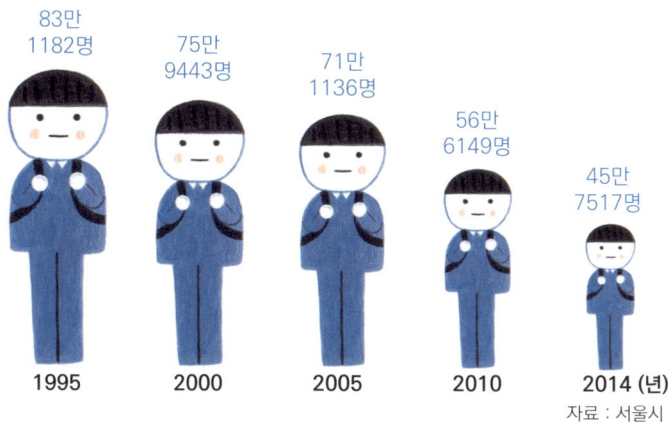

점점 줄어드는 서울 초등학생 수

83만 1182명 / 75만 9443명 / 71만 1136명 / 56만 6149명 / 45만 7517명
1995 / 2000 / 2005 / 2010 / 2014 (년)
자료 : 서울시

　학생 수가 너무 적으면 학습 환경이 나빠지고, 학교 시설을 운영하는 데 많은 돈이 들어 통폐합을 추진할 수밖에 없다고 해요. 하지만 학교가 통폐합되면 학생들이 먼 거리의 학교를 다녀야 할 수도 있고, 새로운 환경에 적응하느라 스트레스가 생기는 등 여러 가지 문제점이 생길 수 있어요.
　이에 교육부는 여러 가지 방안을 놓고 고심하고 있지만, 뭐니 뭐니 해도 최고의 해결 방법은 출산율이 높아져 학령 아동이 늘어나는 것이겠지요?

저출산을 극복한 프랑스의 출산 장려 정책

과연 출산율을 높이는 효과적인 방법이 있을까요? 저출산 문제로 고민하고 있는 많은 나라들은 프랑스의 출산 장려 정책을 좋은 본보기로 삼고 있어요. 프랑스는 선진국 중에서 가장 먼저 저출산 문제를 경험했고, 현명하게 극복해 냈거든요.

프랑스는 1980~1990년대에 경제 상황이 매우 안 좋았어요. 이때 많은 여성들이 돈벌이를 위해 직장으로 나갔어요. 그러면서 자연스럽게 아이를 덜 낳았고, 1990년 1.77이라는 낮은 출산율로 나타났어요.

출산율이 낮다는 건 미래에 경제 활동을 할 인구가 부족해지고, 이에 따라 경제 성장도 떨어지는 등 여러 가지 문제를 낳는 아주 중요한 일이었지요.

위기감을 느낀 프랑스 정부는 고민 끝에 '모든 아이는 국가가 키운다'는 정책을 내세웠어요. 아이를 낳고 기르는 문제가 단지 한 가정에서 해결할 일이 아니라 국가가 책임져야 할 일이라고 생각한 거죠.

그래서 임신부터 출산까지의 모든 비용을 의료보험화시켜 부담을 없애고, 자녀가 태어날 때마다 아동수당을 지급하는 등 적극적인 가족 복지 제도를 실시했어요.

또 유치원부터 대학까지 교육비를 지원해서 부모의 경제적 부담을 크게 줄여 주었죠. 거기에 더해 자녀에게 모든 것을 쏟아 붓지 않는 문화를 만들었어요. 덕분에 프랑스의 출산율은 2016년 1.89명으로 올라가며 성공적인 출산 장려 정책의 본보기로 손꼽히고 있답니다.

OECD 주요국 합계출산율

	한국	일본	호주	독일	미국	프랑스	스웨덴	덴마크
합계출산율(명)	1.17	1.44	1.79	1.6	1.82	1.89	1.85	1.79

자료 : OECD 패밀리 데이터베이스(2016년)

· 7화 ·

누구나 늙어요

2018년

 호랑리에 사는 황창규 씨는 아침 다섯 시가 되자 알람이 울리듯 눈을 번쩍 떴다. 창규 씨는 이른 새벽에 눈을 뜰 때마다 손자 기현이가 한 질문이 떠올랐다.
 "할아버지, 나이가 많아지면 정말 잠이 줄어요? 저는 잠이 너무 많아 고민이에요."
 여든 다섯 해를 살아온 창규 씨는 손자의 질문에 고개를 저으며 이렇게 대답했었다.
 "나이가 들어 잠이 주는 게 아니라 몸이 늙어 주는 게지. 크게 병치레를 하지 않아도 여기저기 뼈마디가 쑤시고 팔다리가 저릿저릿하니 자연 눈이 떠지거든. 아무리 좋은 기계도 언젠가는 녹슬고 고장 나듯이 85년을 사용한 몸도 고장 나는 게 당연하지 않겠냐?"

하지만 아직 큰 고장은 없으니 천만다행이다. 자식들에게 부담 주지 않고 건강하게 살다 떠나는 게 창규 씨의 가장 큰 소원이다.

창규 씨는 아직 날도 밝지 않았는데 방문을 열고 마당으로 나갔다. 간밤에 눈이 내렸는지 지붕이며 마당에 눈 이불이 얌전하게 덮여 있었다.

이 집은 호랑리 최고 짠돌이로 소문났던 아버지 황갑수 씨가 6·25전쟁이 끝난 후 갖은 고생을 해서 마련한 집이다. 할머니와 부모님과 다섯 형제, 그리고 창규 씨가 결혼해서 낳은 여덟 명의 자녀가 함께 살아 새벽부터 북적거렸던 집에는 이제 창규 씨만 혼자 덩그러니 남아 있다. 할머니와 부모님, 아내는 세상을 떠났고, 형제자매와 자식들은 모두 도시로 나가 살고 있기 때문이다. 학교 선생님이었던 창규 씨도 도시에 나가 있다가 정년퇴직을 한 후 이곳 호랑리로 돌아와 종택을 지킨 지 벌써 25년째다.

창규 씨는 밤사이 내린 눈을 쓸고, 세수를 하고 들어와 습관처럼 텔레비전을 켰다. 5년 전 아내를 여의고 혼자 지내는 창규 씨에게 텔레비전은 큰 위로가 되는 친구이다. 더욱이 농사철이 지나 특별한 일거리가 없는 겨울에는 더욱 그렇다. 하지만 오늘은 그보다 더 좋은 친구를 만나는 날이다. 음력 설날을 사흘 앞두고 호랑리 노인정에 마을 사람들이 모두 모여 잔치를 벌이는 날이기 때문이다.

온 세상을 꽁꽁 얼어붙게 한 지독한 한파 때문에 열흘 넘게 바갗출입을 못 했던 창규 씨는 오랜만에 단장하고 집을 나섰다.
 둑길을 걸어가는데 등 뒤에서 창규 씨를 부르는 소리가 들렸다.
 "어이, 동생! 같이 가세!"
 뒤돌아보니 아이고 할아버지와 주사 할아버지였다. 아이고 할아버지는 툭하면 여기저기 몸이 아프다고 '아이고~ 아이고~' 소리를 잘해서 '아이고'라는 별명이 붙은 92세의 노인이고, 주사 할아버지는 보건소에서 노인정으로 진찰을 나올 때마다 몸에 좋은 주사를 놔 달라고 하도 보채서 '주사'라는 별명이 붙은 89세 노인이다.

"아이고~ 아이고~. 눈 때문에 걸음도 못 걷겠네."

"눈 때문이 아니라 무릎이 녹슬어 그런 거야. 주사 한 대 맞아야 한다니까."

오늘도 역시 아이고와 주사 타령이다.

창규 씨는 두 형님들에게 다가가 팔을 부축해 주었다.

"형님들, 천천히 걸어요. 길 미끄러워요."

창규 씨는 올해 나이가 여든 다섯 살로 집안에서는 최고령의 어른이지만 이곳 호랑리에서만큼은 아직 동생 소리를 듣고 산다. 호랑리에는 아흔 살이 훌쩍 넘은 형님들과 누님들이 수두룩하다. 제일 젊은 사람이 예순 일곱 살의 이장 부부이니 창규 씨는 중간 즈음의 위치였다.

한때는 몇 백 가구가 살던 호랑리가 노인들만 사는 마을이 된 건 벌써 15년 전 일이다. 자식들 대부분이 학업을 위해, 직장살이를 위해 도시로 나가고 나니 마을에는 농사짓는 어른들만 남았고, 그들이 한 해 한 해 늙어 가다 보니 어느 순간 젊은이는 보이지 않게 되었다. 호랑리에서 젊은이들이나 어린아이들을 볼 수 있는 건 명절 때뿐이었는데 몇 해 전부터 그나마도 어려워졌다. 이제는 명절 때가 되면 호랑리 노인들이 바쁜 자식들 대신 도시로 명절을 보내러 가니 말이다.

오늘 설 잔치를 미리 하는 것도 내일이나 모레면 노인들이 자식들 집으로 올라가서 마을이 텅 비기 때문이다. 창규 씨도 내일 낮에 아들 귀성이네 집으로 갈 예정이다.

세 노인이 거북이 기어가듯 천천히 눈길을 걸어 노인정에 도착하니 입구에서부터 북적거리는 소리가 들려왔다. 현관에 놓인 신발을 보니 오늘 호랑리 주민들 서른 두 명이 모두 모인 듯했다.

문을 여니 역시나 노인정 안이 오랜만에 꽉 들어찼다. 95세로 이 마을 최고 연장자이며 노인정 회장직을 맡고 있는 김 회장을 필두로 67세 막내 이장 내외까지 모두 한자리에 모였다.

할머니들은 일찌감치 와서 음식 준비를 했는지 떡국 끓는 냄새가 은근하게 풍기는 가운데 잡채며, 편육이며, 시루떡이며 갖가지 잔치 음식이 만들어지고 있었다.

막둥이 이장이 큰 교자상을 꺼내 펼치자 음식들이 푸짐하게 차려지고, 설음식의 꽃이라 할 떡국이 올려졌다. 숟가락을 들기 전에 이 마을 최고 연세를 자랑하는 김 회장의 한 말씀이 빠질 수 없었다.

"에…… 또 우리가 한 해를 무사히 보내고, 에…… 또 한 살을 더 먹게 되었구만. 올해에도 무탈하게 건강하게 살자고들."

창규 씨가 김 회장의 술잔에 막걸리를 부어 주며 물었다.

"회장님, 이제 연세가 어떻게 되시는 겁니까?"

김 회장이 뻣뻣한 손가락을 억지로 구부려 가면서 나이를 세어 보았다.

"내가 이 떡국을 먹으면 열네 살인가, 열다섯 살인가 모르겠네."

김 회장에게 나이를 물으면 꼭 '남의 나이'로 말한다. 80까지는 제 나이이고, 그 이후는 덤으로 사는 거라 '남의 나이'니 95세인 김 회장의 나이는 15세라는 거다.

김 회장의 셈법에 창규 씨가 웃었다.

"그럼 저는 이제 겨우 다섯 살이네요."

그 말에 아이고 할아버지도 손가락을 꼽아 보았다.

"아이고, 나는 열두 살이네."

벌써 막걸리 한 모금에 볼이 벌게진 주사 할아버지도 나이를 밝혔다.

"난 아홉 살이오~"

그러자 예순 일곱의 이장댁이 놀란 표정을 지었다.

"아니, 열 몇 살밖에 안 먹은 애들 얼굴이 어째 그리 다들 폭삭 늙었대요? 하나같이 쪼글쪼글한 대추 얼굴이네요."

그 말에 노인정에 모인 서른 두 명의 노인들이 모처럼 배꼽을 잡고 웃었다.

배가 두둑해지니 노인정에는 자연스럽게 흥겨운 노랫가락이 흘러나왔고, 또 언제나처럼 젊은 시절 이야기가 꽃을 피웠다.

이런 자랑에는 아이고 할아버지가 늘 선두다.

"내가 지금은 아이고~ 아이고~ 하고 다니지만, 젊었을 때는 황소도 들쳐 메고 다닐 만큼 힘이 셌지. 근동 씨름대회 열리면 내가 싹 쓸이했잖아."

모두들 옛 생각이 떠오르는지 고개를 끄덕끄덕했다.

이장은 김 회장의 얼굴을 보고 말했다.

"아, 왜 어르신도 젊은 시절 훤한 인물로 대단하셨다면서요?"

김 회장이 눈을 지그시 감으며 옛일을 회상했다.

"그랬지. 읍내 나가면 처자들이 줄줄 따라다녔으니께."

김 회장의 부인이 눈을 흘겼다.

"내가 이 양반 인물 좋은 것 때문에 맘고생 꽤나 했지. 헌데 그게 다 무슨 소용이야. 늙으면 똑같이 주름지고, 검버섯도 피는 걸."

이번엔 주사 할아버지가 가만히 이야기를 듣고 있는 창규 씨를 가리켰다.

"우리 창규 동생도 호랑리의 큰 자랑이었지. 어릴 때부터 공부를 잘해 서울에 있는 대학도 가고 선생님도 했으니."

"그럼 그럼. 우리 자식들 다 창규가 가르쳤잖아."

"자린고비 갑수 아재가 창규 때문에 어깨 좀 으쓱이고 다니셨지."

창규 씨는 쑥스러워 괜히 빈 잔을 들고 마셨다.

"그게 언제적 일인데요."

노인들은 저마다 젊었던 지난날의 모습을 떠올리며 주름진 얼굴에 미소를 띠었다.

아이고 할아버지가 추억을 깨트렸다.

"다 옛날 이야기요, 죽은 자식 불알 만지기지 뭐. 현실은 늙고 아픈 몸뚱이인걸."

이 또한 모두 공감할 수밖에 없는 말인지라 아무도 부인하지 못했다.

주사 할아버지가 막걸리 한 모금을 마시고 말했다.

"올해부터는 농사도 그만두고 땅도 정리해야겠어. 더는 힘들어서 못 하겠어."

이장이 놀라 물었다.

"아니, 농사는 그렇다 치고 땅까지 정리하신다고요?"

"나 죽으면 자식들이 여기 발길도 안 할 텐데 논밭만 끼고 있으면 뭘 하겠나."

김 회장이 고개를 끄덕였다.

"하기사 우리가 저세상 가고 나면 호랑리 마을도 사라질 테니."

창규 씨도 이미 예상하고 있던 바였다.

"아마 호랑리뿐만 아니라 우리나라 농촌 대부분이 이렇게 사라지고 말 거예요. 지금은 노인들이 남아 지키고 있지만 그게 얼마나 가겠어요."

갑자기 아이고 할아버지가 벌떡 일어났다.

"그건 안 되지. 이 마을이 어떤 마을인가. 6·25동란 나고 자갈밖에 없던 땅을 우리가 갈고닦아 만든 마을 아닌가……."

갑자기 아이고 할아버지 얼굴이 충혈된 듯 빨개지고 눈동자가 뒤집어졌다.

"형님, 왜 그래요? 어디 안 좋으세요?"

옆에 앉아 있던 창규 씨가 일어나 잡으려 했지만 아이고 할아버지는 그만 방바닥에 쓰러지고 말았다.

다들 갑작스런 사태에 어쩔 줄을 몰랐다.

"이, 이를 어째. 이 양반 혈압이 높다 하더니 흥분해서 쓰러진 모양일세."

"얼른 읍내 병원으로 데려가세."

노인들만 있으니 대처가 빠를 수가 없었다. 그나마 나이가 젊은 이장이 집으로 달려가 차를 끌고 왔다.

창규 씨와 주사 할아버지가 쓰러진 아이고 할아버지를 옮겨 차에 올라탔다.

"형님! 정신 좀 차려 보세요!"

하지만 아이고 할아버지는 의식을 차리지 못했고, 병원에 도착하자마자 곧바로 수술실로 옮겨졌다.

세 노인은 기진맥진하여 수술실 앞에 앉았다.

주사 할아버지는 아이고 할아버지가 자주 쓰던 아이고를 연발했다.

"아이고~ 아이고~ 뇌출혈이라니 이게 웬 날벼락이래. 혈압 약 좀 꼬박꼬박 챙겨 먹으라니까 그렇게 말을 안 듣더니……."

창규 씨가 이장에게 물었다.

"자식들하고는 통화가 됐지?"

"네, 하긴 했는데 여기까지 오려면 시간이 꽤 걸릴 것 같다네요."

아이고 할아버지가 수술실에 들어간 지도 벌써 두 시간이 흘렀다.

주사 할아버지가 조심스레 말했다.

"이런 말하기 좀 그렇지만 이참에 떠나셨으면 싶기도 하구먼."

"어휴, 어찌 그런 말을 하세요."

이장이 화들짝 놀라며 손으로 주사 할아버지 입을 막으려 했다.

주사 할아버지는 이장의 손을 뿌리치며 차분하게 이유를 설명했다.

"나이가 아흔둘 아닌가. 그만하면 사실만큼 사셨고, 몸이 여기저기 성한 데가 없으니 하는 말이지. 게다가 아까 의사 선생이 안 그랬는가. 살아도 반신불수가 될 수 있다고. 무조건 오래 사는 게 좋은 것만은 아니야."

안타깝지만 창규 씨도 그 말에 동의했다.

"그러게요. 반신불수라도 되면 본인도 힘들고, 무엇보다 자식들한테 큰 짐이 될 테니……."

창규 씨는 남의 일처럼 여겨지지가 않았다. 지금이야 내 몸 정도는 스스로 건사할 수 있지만 언젠가는 아이고 할아버지처럼 쓰러질 수도 있고 정신 줄을 놓을 수도 있기 때문이다. 누군들 오래 살고 싶지 않을까마는 사랑하는 자식들한테 짐이 되면서까지 오래 살고 싶지는 않았다. 세 노인은 말없이 수술이 끝나기를 기다렸다.

장장 다섯 시간의 수술 끝에 아이고 할아버지가 회복실로 옮겨졌다.

세 노인이 그제야 안도의 한숨을 내쉬었다.

그때 아이고 할아버지의 서울 사는 아들이 허겁지겁 달려왔다.

"아버지는 어떻게 되셨나요?"

"회복실로 옮겨지는 거 보니까 목숨은 건진 것 같아."

주사 할아버지는 이참에 떠나는 게 좋겠다던 말과 달리 눈물까지 훔치며 좋아했다.

"죄송합니다. 지방 출장 중이어서 바로 달려올 수가 없었어요."

창규 씨가 아들의 어깨를 토닥여 주었다.

"이제라도 왔으니 됐지. 일 보면서 얼마나 걱정이 많았겠어. 어서 의사 선생에게 가 보게."

아이고 할아버지의 아들이 의사를 만나러 가는 뒷모습을 보며 세 노인도 일어섰다.

"우리도 이제 집에 가야지."

창규 씨와 주사 할아버지는 다시 이장의 차를 타고 호랑리로 돌아왔다. 겨울밤이 유난히 캄캄하게 느껴졌다.

창규 씨는 이런저런 생각으로 뒤척이다 새벽녘에 설핏 잠이 들었다.

두어 시간쯤 잤을까? 전화벨이 울렸다. 얼마 전 직장 때문에 서울로 이사 간 아들 귀성이였다. 대를 이어야 한다는 장손의 의무 때문에 일곱 명의 딸을 낳고서야 마흔아홉에 어렵게 얻은 늦둥이 외아들이다.

"아버지, 오늘 오시죠?"

"그럼, 기차표 끊어 놨으니 염려 마라."

"아이들이 기차역에 마중 나가 있을 거예요. 추운데 옷 따뜻하게 입고 조심해서 오세요."

"그래, 걱정 말어. 니 아버지 아직 쌩쌩하니까."

창규 씨는 전화를 끊고 아들네 갈 채비를 했다. 명절 연휴만 보내고 올라올 거라 딱히 채비랄 것도 없었다. 옷가지 몇 벌과 손자, 손녀들한테 줄 세뱃돈이면 족했다.

기차 출발 시간은 아직 멀었지만 일찌감치 집을 나섰다. 읍내 병원에 들러 아이고 할아버지에게 밤새 별일은 없었는지, 아니면 상태가 좋아졌는지 직접 보고 가야 마음이 놓일 것 같았다.

병원에 도착하니 입원실에는 아이고 할아버지도, 아들도 보이질 않았다. 창규 씨가 두리번거리는데 휴게실에 아이고 할아버지의 자식들이 모여서 이야기를 나누고 있었다. 그런데 표정들이 심각해 보였다.

'무슨 큰일이 생겼나?'

창규 씨가 다가가려는데 어제 병원으로 제일 먼저 달려온 맏아들이 한숨을 쉬며 말했다.

"깨어나시긴 했는데 하반신이 마비 상태라니……."

맏아들은 한 번 더 깊은 한숨을 내쉬었다.

"퇴원하시더라도 이제 혼자 시골집에 계시지는 못하겠어. 집에 모시고 누구 한 사람이 곁에 머물며 돌봐 드려야 하는데, 다들 맞벌이를 하고 있으니 어째야 할지 모르겠네."

잠시 자식들 사이에 침묵이 흘렀다.

둘째 아들이 한참 동안의 침묵을 깼다.

"몸 불편한 노인 모시는 게 쉽지 않아. 냉정한 것 같지만 요양원으로 모실 수밖에 없겠어."

맏아들이 다시 긴 한숨을 쉬었다.

"요양원에 모시는 건 그리 간단할 것 같아? 아버지가 잘 적응하실지 어떨지도 모르고, 비용은 또 어쩌고. 당장 수술 비용만으로도 부담스러운데."

막내딸이 울음을 터트렸다.

"너무해. 아버지는 사경을 헤매는데 우린 고작 이런 이야기를 나누고 있어야 해? 벌써 요양원 얘기를 꺼내야겠냐고!"

둘째 아들이 답답하다는 듯 말했다.

"효도하겠다는 마음만으로 집에 모셔 놓고 어느 한 식구가 희생하며 돌보는 것보다 안전한 곳에 모시는 게 낫다는 거야. 그렇게 안타까우면 너희 집으로 모시고 가든가."

"오, 오빠……."

막내딸은 당황해서 말을 잇지 못했다.

창규 씨는 슬며시 뒤돌아섰다. 아이고 할아버지 자식들의 말을 듣고 있자니 창규 씨 마음이 돌덩이를 얹어 놓은 듯 무거웠다. 나이 들고, 게다가 병까지 든 부모는 자식들에게 짐이란 말이 피부에 와 닿았다. 젊은 사람은 젊은 사람들대로 살아가기 힘드니 나이가 많다고 무조건 나를 돌봐라 할 수도 없는 노릇이었다.

'내가 아이고 형님처럼 쓰러지게 된다면 내 자식들도 똑같은 고민을 하겠지?'

그런 날은 빠르든 늦든 반드시 찾아올 것이다. 또 창규 씨만의 일이 아니라 창규 씨의 자식들도 훗날 겪을 일이다. 누구든 늙음을 피할 수 없을 테니 말이다.

하지만 창규 씨는 오늘만큼은 이런 생각과 걱정을 하지 않기로 했다. 대신 몇 시간 후면 만나게 될 손주들의 예쁜 얼굴을 떠올리며 기차역으로 걸음을 옮겼다.

대한민국이 늙고 있다?

　최근 텔레비전 뉴스나 신문 기사들을 보면 '대한민국이 늙고 있다!'는 표현을 많이 사용해요. 의학이 발달하고 생활 수준이 높아지면서 사망률은 줄어들고 평균 수명이 늘어나 노인 수가 부쩍 늘었기 때문이에요. 그리고 저출산으로 어린이나 젊은이들이 줄어들다 보니 우리나라 전체 인구 중에서 노인이 차지하는 비중이 매우 커졌어요.

　아래 표를 보면, 1970년대의 우리나라 연령별 인구분포도는 '피라미드형'이에요. 출생자 수가 노령층보다 훨씬 많았지요. 그러나 점차 전 연령이 고르게 분포된 '종형'이 되었어요. 현재 전 세계 인구 추세가 바로 '종형'이에요. 그러나 우리나라는 빠른 속도로 '역피라미드형'이 되며 노령층이 매우 많아질 것으로 예상되고 있어요.

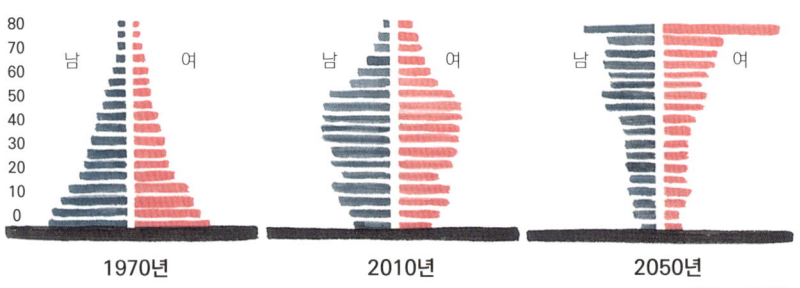

대한민국 인구 피라미드

자료 : 통계청

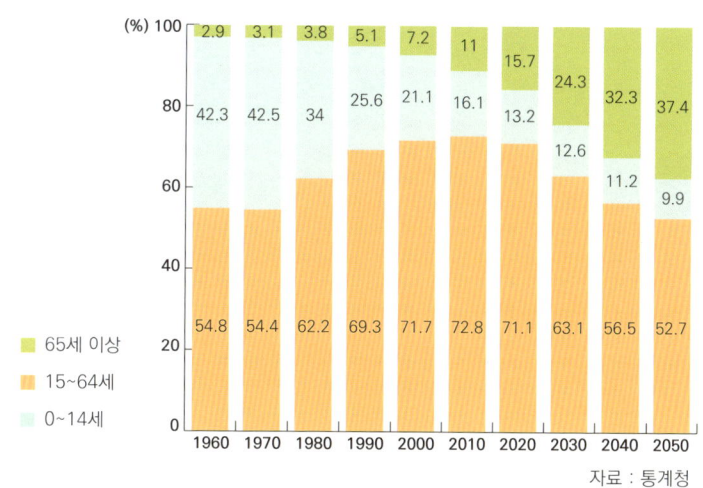

한국의 인구 고령화 추이와 전망

자료: 통계청

    1970년에 3.1퍼센트였던 65세 이상 노인의 비율은 1990년대부터 빠르게 증가해서 2010년에는 11퍼센트로 높아졌어요. 이 비율은 앞으로도 꾸준히 증가해서 2050년이 되면 무려 37.4퍼센트가 될 전망이라고 해요.
    국제연합(UN)에서는 65세 이상 노인의 인구 비율이 전체 인구의 7퍼센트를 넘으면 '고령화 사회', 14퍼센트를 넘으면 '고령 사회', 20퍼센트를 넘으면 '초고령 사회'로 분류하고 있어요.
    이에 따르면 우리나라는 이미 2000년에 고령화 사회가 되었고, 2017년 8월에 65세 이상 노인의 인구 비율이 14.02퍼센트가 되면서 고령 사회로 진입했어요. 이 추세가 지속된다면 얼마 가지 않아 초고령 사회가 될 거예요. 이 속도는 세계 어느 나라에서도 찾아볼 수 없을 만큼 빠른 증가 속도랍니다.

고령화 사회, 대체 뭐가 문제냐고?

아마 여러분은 '노인 인구가 많은 게 뭐가 문제인데?'라는 의문을 품을 수 있을 것 같아요.

65세 이상의 노인들이 많아진다는 건 일할 수 있는 젊은 노동력, 즉 생산 가능 인구(15~64세)가 줄어든다는 뜻이에요. 노동력이 줄어들면 그만큼 생산성이 떨어지니 국가 경제가 어려워지겠지요?

또 노인이 많을수록 젊은 사람들이 부양해야 하는 몫이 늘어나요. 우리나라는 경제 활동을 하는 사람들이 급여에서 일정 부분을 떼어 나라에 세금을 내고, 그 세금의 일부를 노인들의 빈곤, 질병 등에 관한 문제를 해결하는 데 사용해요. 그런데 일하는 사람은 적고 노인이 많으면 자연히 세금이 늘어날 수밖에 없지요.

이밖에도 여러 가지 노인 문제가 발생할 수 있어요. 보통 55~60세쯤 직장에서 은퇴하게 되는데, 너무 이른 나이에 사회에서 해야 할 역할을 잃었다는 상실감에 빠질 수가 있어요. 일자리를 잃으니 경제적인 부분도 어려워질 테고, 핵가족화로 인해 노인들이 따로 살다 보니 소외감과 외로움을 겪겠지요. 이미 이런 여러 가지 노인 문제들이 발생하고 있고, 앞으로 더 심해질 수 있기에 고령화에 대한 걱정의 목소리가 높은 거랍니다.

고령화 사회에 대한 대책은 바로 아이를 많이 낳는 '고출산'이 최고의 대책이에요. 고출산으로 경제 활동을 할 수 있는 인구가 늘어나게 되면 노인을 부양해야 하는 부담이 줄어들게 되지요. 그래서 정부에서 출산 장려 정책을 펴고 있는 거예요.

　노년층이 최대한 늦은 나이까지 직장에 다녀서 경제적인 능력을 갖게 하는 것도 중요해요. 국가가 나서서 노인을 위한 일자리를 마련하고, 새로운 직업을 가질 수 있도록 교육 시스템을 마련하는 것도 필요하고요. 또 무엇보다도 노인에 대한 생각이 긍정적으로 바뀌어야 해요.

　우리는 모두 나이를 먹고 늙기 마련이에요. 어느 누구도 피해 갈 수 없지요. 그렇기 때문에 고령화에 대해 관심을 갖고 그 대책에 동참해야 해요. 우리 사회는 나 혼자 살아가는 게 아니라 더불어 살아가는 것이니까요.

● 작가의 말 ●

저는 초등학교가 '국민학교'라고 불리던 시절에 학교를 다녔어요.

제가 태어나던 해에는 유독 출생아가 많았어요. 그래서 입학생도 무척 많았었답니다. 한 반의 학생 수가 70명이 훌쩍 넘을 정도였지요. 교실 안에 빈틈이 없을 만큼 책걸상이 빽빽하게 차 있어서 마치 콩나물시루 같았어요. 월요일 아침 조회 시간에 전교생이 모이면 운동장이 터져 나갈 것처럼 꽉 찼었지요. 또 학생 수에 비해 교실이 턱없이 모자라 한 교실을 오전, 오후반으로 나눠서 수업을 받기도 했었어요.

사실 그때는 제가 태어난 해에 출생아 수가 많았다는 것도 몰랐고, 이런 열악한 교실 환경이 인구 문제로 인한 것이라는 것도 전혀 알지 못했어요. 그냥 그게 당연한 줄 알았지요.

　같은 해에 태어난 동갑내기가 많다는 것이 개인에게 영향을 미친다는 걸 실감한 건 중학교 때부터였어요. 고등학교에 진학하기 위한 시험을 치렀는데, 학생 수에 비해 학교 수가 모자라 꽤 많은 학생들이 재수를 하게 된 거예요. 물론 대학교에 진학할 때도 마찬가지였고요. 학교를 졸업하고 사회에 나와 직장을 구할 때도 역시 만만치 않은 경쟁률이 뒤따랐답니다. 그리고 그 경쟁은 지금도 진행 중이고요.

　만약 제가 태어난 해에 출산율이 적었다면 어땠을까요? 경쟁이 좀 덜했을까요? 생각하면 생각할수록 인구 문제가 제 삶에 큰 영향을 미치는 것 같아요.

　요즘 인구에 관한 뉴스들이 많이 나오고 있어요. 우리나라 출산율이 전 세계에서 제일 낮다고도 하고, 고령화 속도는 전 세계에서 가장 빠르다고도 하지요. 또 학생 수가 급격히 줄어들어 학교가 문을 닫을 위기에 처해 있다고도 하고요. 인구가 도시로 몰려들어 농촌이 빠르게 사라지고 있다고도 합니다.

　여러분은 이런 기사를 접할 때 어떤 생각이 드나요? 크게 관심을 갖는 친구들도 있겠지만 아마 대부분은 나와는 상관없는 일로 느낄 것 같아요. 제가 여러분 나이였을 때도 인구 문제 같은 것에는 관심을 두지 않았으니까요.

하지만 인구 문제는 우리 사회에 전반적인 영향을 미치는 아주 큰 문제랍니다. 아울러 이 사회의 구성원인 우리에게도 영향을 미치는 건 당연하겠지요. 그래서 인구와 인구 변화로 인해 생기는 문제들에 관심을 가질 필요가 있어요. 인구 문제를 파악한다는 것은 미래를 예측할 수 있는 방법이기도 하거든요.

이 책에는 호랑리 마을에 사는 황갑수 영감네 4대 가족이 1960년대부터 현재까지 시대가 변하면서 겪게 되는 인구 변화와 그에 따른 문제점들을 담고 있어요. 여러분은 물론이고 부모님과 조부모님, 증조부님이 겪은 이야기들을 만날 수 있을 거예요. 이 이야기들을 통해 인구 문제가 우리 삶에 어떤 영향을 미치는지 느끼고, 관심을 갖는 계기가 되기를 바랍니다.

예영